주식회사의 약속

그래도
자본시장이
희망이다

# 주식회사의
# 약속

주식농부 박영옥 지음

프레너미
FRENEMY PUBLISHING

그래도 자본시장이 서민의 희망이다

# 주식회사의
# 약속이라는 상식

"돌아오는 일요일에 영화 보자."

"좋아. 몇 시에 만날까?"

"12시에 만나서 밥 먹고 영화 보면 어때?"

"좋아. 그런데 그날 나올 거야?"

어딘가 이상한 대화다. 12시에 만나 밥 먹고 영화 보기로 이미 약속해놓고는 생뚱맞게 나올 거냐고 묻고 있다. 식사 주문을 받은 식당 주인이 "그런데 밥값은 낼 거요?"라고 묻지 않는다. 신입사원이 출근 첫날에 사장에게 한 달 후에 월급을 줄 거냐고 묻지 않는다. 약속을 잡아놓고 나올 거냐고 묻거나, 밥 먹으러 온 손님에게 밥값을 낼 거냐고 묻거나, 일하러 간 직장에다

대고 월급을 줄 거냐고 묻는다면 우리는 그를 이상하게 바라볼 것이다. 만나기로 약속했으면 나오는 게 당연하고 식당에서 밥을 먹었으면 돈을 내는 게 상식이며 일을 했으면 월급이 나오는 게 이치이기 때문이다.

이렇게 당연한 일들이 당연하게 이루어지는 세상을 꿈꾼다고 하면 이상하게 들릴 것이다. 그런데 30년 동안 증권가에서 일하면서 약속이 지켜지는 상식적인 세상을 간절히 꿈꾸게 되었다. 일요일에 만나기로 약속한 사람이 아무 연락 없이 약속 장소에 나오지 않는 일이 많았다. 밥값을 받으려고 계산대 앞에 섰는데 돈을 내지 않고 유유히 걸어나가는 사람도 많이 봤다. 월급날이 지났는데도 통장에 돈이 들어오지 않는 황당한 일도 여러 번 겪었다. 주식시장에서는 이렇게 비상식적인 일이 상식인 것처럼 벌어진다. 약속을 지키지 않는 친구는 만나지 않으면 그만이고, 무전취식하는 사람은 경찰에 신고하면 그만이고, 월급이 들어오지 않으면 고발하면 되지만 주식시장에서는 마땅한 대응책이 없다.

적자를 낸 경영자가 적게는 몇억, 많게는 수십억의 연봉을 받아 가도 막지 못한다. 경영자의 지위에서 회사 돈을 횡령해 실형까지 산 사람이 다시 경영 일선에 복귀해도 속수무책이다. 이익을 낸 기업이 배당을 하지 않아도 이를 받아낼 방법이 없고, 자회사를 통해 회사의 이익을 빼돌려도 제재할 방도가 없다. 대주주의 자식이라는 간판만 있을 뿐 그 어떤 능력도 검증되지 않은 사람이 초고속으로 승진하고 기어코 다시 대주주이자 경영자가 되는 것 또한 막지 못한다. 이 모든 것이 합법적인 틀 안에서 얼마든지 가능한 일이기 때문이다. 이렇게 법의 테두리 안에서 벌어지는 비상식적인 일들이 대주주를 뺀 나머지 주주들의 정당한 이익을 한순간에 빼앗아간다.

약속을 했으면 정해진 시간에 약속한 장소에 나오는 게 당연한 것처럼 주식회사에 투자했으면 그에 따른 이익을 기대하는 것이 당연하다. 물론 긴급한 일이 발생해 약속을 지키지 못하는 것처럼 기업이 어려운 상황에 놓이면 주주들에게 이익을 배당하지 못할 수 있다. 그러나 집에 드러누워 텔레비전을 보면서 약속을 어기는 것은 상식에 부합하지 않는다. 마찬가지로 이익을 내고서도 주주들과 그 성과를 나누지 않는 것은 몰상식한 일이다. '내게 투자해주면 경영을 잘해 이익을 내고, 보유한 주식에 맞춰 그 이익을 공유하겠다.' 바로 이것이 주식회사가 투자자에게 한 약속이기 때문이다.

지난 30년간 많은 기업에 투자해왔지만 별도로 계약서를 쓰거나 손가락을 걸며 협약한 일은 없다. 현재 주식을 보유하고 있거나 과거에 보유했던 독자들도 나와 다르지 않을 것이다. 약속은 사람과 사람이 하는 것인데 우리는 주식을 사고팔 때 어느 누구도 만나지 않는다. 컴퓨터 화면을 보면서 클릭 몇 번만

하면 주식을 사거나 팔 수 있다. 그것이 어떤 약속이나 계약으로 성사된 행위라고는 누구도 생각하지 않는다.

그러나 사실은 다르다. 기업이 상장이라는 형식을 통해 투자자를 모집하는 건 '당신들이 투자해준 자본으로 기업을 잘 경영해서 성과를 공유하겠다'는 약속을 공표하는 것과 다르지 않다. 억지 혹은 지나친 확대해석이라고 생각하는가. 현실을 감안하지 않은 너무 이상적이고 원론적인 주장이라는 반론에 일정 부분 동의한다. 물론 나도 알고 있다. 그러나 나는 아무리 생각해도 이것 외에 다른 무엇이 가능한지 모르겠다.

'당신들의 돈을 투자받았지만 경영은 내가 원하는 대로 하겠다, 기업이 이윤을 냈어도 그 성과를 공유하지 않겠다, 기업공개는 내가 했지만 사고파는 것은 당신들이 결정했으니 알아서들 하라.'

이렇게 말하는 것은 어불성설이다. 그러나 말로 외치지 않았을 뿐 대부분의 기업이 이런 행각을 벌이고 있다. 기업의 이윤을 공유하겠다는 약속은 기업공개를 할 때 이미 한 것이고, 약속은 지키는 것이 상식이다.

좋아하는 용어는 아니지만 나는 주식시장에서 슈퍼개미로 분류된다. 10퍼센트 내외의 지분을 보유한 기업도 7개나 된다. 때문에 주주총회 무렵이 될 때마다 기업에게 주식회사의 약속, 즉 성과를 공유하는 약속을 지키라고 주장하지만 받아들여진

적은 거의 없다. 인간의 선의에 기댄 '약속'이라는 말 따위는 이해관계가 첨예하게 대립하는 현실 세계에서 별 힘을 발휘하지 못한다. 그러니 당연히 강제성이 있는 법적 제도를 개선해야 한다.

이익과 이익은 충돌한다. 한 해의 성과를 놓고 보면 대주주와 소액주주의 각 이익은 충돌하게 마련이다. 이익과 이익이 첨예하게 충돌하는 현장에서 도덕률은 무용지물이다. 도덕률이 힘을 발휘할 수 있었더라면 법은 애초 필요하지도 않았다. 나는 '성과의 공유'라는 주식회사의 약속이 제도 개선의 기준이 될 수 있다고 생각한다. 법은 복잡하더라도 그 복잡한 법이 지향하는 바는 단순명쾌해야 한다. '주식회사의 약속 이행'이라는 기준은 단순명쾌하며 또한 강력하다.

하지만 내 주장이 일반 소액투자자나 여타 일반 독자들에게 어떻게 다가갈지 의문이다. 사실 투자자 대부분은 약속이 지켜지든 지켜지지 않든 내가 소유한 종목의 주가가 오르면 그만이다. 대주주가 불합리한 경영을 하거나 저 혼자만의 이익을 쫓아도 주가만 상승하면 다 괜찮다. 투자에 관심이 없는 일반인에게 주식시장은 예나 지금이나 개미지옥과 다를 바 없다. 그들에게 주식시장은 한번 발을 들여놓으면 결국 절망에 이르고 마는 위험한 곳이다.

여하튼 투자자라면 누구나 내가 투자한 기업이 좋은 성과를 내고 그로 인해 주가가 상승하기를 바란다. 나 역시 그렇다. 이를 위해 기업이 경영을 잘해야 하는 건 기본이다. 하지만 이에 못지않게 투자 환경이 중요하다. 지금 우리 주식시장은 한쪽으로 많이 기운 운동장 같다. 어느 땐 절벽처럼 느껴질 만큼 기운 각도가 심각하다. 이익과 이익이 충돌하는 상황에서 대주주는 직원들에게 몇 마디 말만 던져 이익을 챙기는 반면, 소액주주가 자신의 이익을 도모하자면 개인적으로 많은 시간과 비용을 투자해야 하며 그러고도 뜻을 이루지 못하는 경우가 대부분이다. 언제까지 당연한 권리를 빼앗기고 있을 것인가. 대주주와 기관과 외국자본을 욕하면서 내 권리를 정당하게 찾게 하는 제도적 개선에는 왜 관심을 갖지 않는가.

나는 주식회사의 약속을 강제로 이행하게 하는 제도가 만들어진다면 코스피지수 3000포인트 달성도 어렵지 않을 것이라고 믿는다. 성과 공유라는 약속이 지켜진다는 것은 그만큼 투자하기 좋은 환경이 된다는 의미이고, 이에 따라 더 많은 국민과 외국인들이 한국의 기업에 투자할 것이다. 기업의 불합리한 지배구조가 한국 기업들이 저평가되는 주된 이유이기 때문이다.

따라서 주식회사의 약속이 지켜지면 결과적으로 우리 자본시장이 튼튼해지고 우리 경제도 좋아질 것이 자명하다. 이윤을 내는 것 외에 대주주가 부를 늘릴 방법이 없으므로 경영을 더 잘하려고 노력할 것이다. 성과 공유가 보장되기 때문에 능력이 풍부하고 창의적인 기업가가 좀 더 쉽게 자본을 투자받을 수 있을 것이다.

지난 4권의 책과 마찬가지로, 또한 특별한 일이 없는 한 주식을 주제로 하는 마지막이 될 이 책에도 솔깃한 이야기는 없다. 시중의 투자서처럼 이 한 권으로 모든 투자 비법을 배울 수 있다거나 차트를 통해 미래를 예측해볼 수 있다는 말도 없다. 그저 상식적인 이야기를 할 것이다.

그간 책을 비롯해 강연과 인터뷰, 칼럼 등 기회가 있을 때마다 전한 상식은 '농부처럼 투자하라'였다. 콩을 심어놓고 팥을 기대하지 않는 상식, 오늘 씨앗을 뿌리고 내일 추수할 수 없다는 상식, 밭을 갈면서 금맥을 기대하지 않는 상식을 말했다. 자본주의 사회에서는 돈이 일하게 해야 부자가 될 수 있다는 상식, 그 돈이 일하기에 가장 적당한 일터가 기업이라는 상식, 동행하는 기업 5개만 있어도 노후의 든든한 동반자가 될 수 있다는 상식을 말해왔다. 도박처럼 일확천금을 노리거나 노력 없는 대가를 바라지 말고, 상식에 기대어 시간에 투자하는 것이 느려 보이지만 성공적인 투자의 지름길이라는 상식도 강조했다. 농부가 농사를 짓듯이 기업에 대해 열심히 공부하며 차근차근 진행하면 성공적인 투자를 할 수 있다는 상식적인 이야기였다. 그간 글과 말을 통해 해온 이야기를 단 하나의 단어로 말하라면 그 역시 '상식'이다.

오해가 있을 수 있어 다시 강조하자면, 나는 여전히 자본시장이 서민의 희망이라고 생각한다. 불합리한 점이 있지만 여전히 돈이 일하기에 가장 좋은 곳은 기업이다. 이 책에서는 약속을 지키지 않는 사례를 부각시키겠지만 주식회사의 약속이 뭔지 알고 이를 충실히 이행하는 기업가도 많다. 이런 기업가가 있는 회사에 농부처럼 투자한다면 얼마든지 부자가 될 수 있다. 여기에다 상식이 상식처럼 지켜진다면 자본시장은 서민들에게 좀 더 '가까이 있는 희망, 실현 가능한 희망'이 될 수 있을 것이다.

이익과 이익은 충돌하고 대주주는 소수이고 다수의 소액주주들은 흩어져 있다. 나 역시 대주주 앞에서는 한낱 소액주주일 뿐이다. 흩어져 있는 작은 힘들이 모여야 큰 목소리를 낼 수 있다. 모여서 자신들의 정당한 권리를 주장하지 않으면 누구도 알아서 챙겨주지 않는다. 주가의 등락에 집중하는 시간과 에너지를 조금만 덜어내 투자환경에 관심을 기울인다면 우리의 투자수익률은 지금보다 월등히 높아질 것이라 확신한다.

1장

# 주식회사의
# 상식

# 기막히게 멋진 제도,
# 주식회사

냉장고, 컴퓨터, 휴대전화, 형광등, 신호등, 전철은 모두 전기를 동력으로 작동한다. 어디 이뿐일까. 전기가 끊어지면 우리 주변의 거의 모든 기계가 곧바로 작동을 멈춘다. 당연한 이야기지만 전기가 없으면 현대 문명 자체가 흔들린다 해도 과언이 아니다. 이런 생각 끝에 문명의 동력이 된 전기가 조금 궁금해졌다.

오늘날 우리가 전기를 자유자재로 다룰 수 있게 된 것은 마이클 패러데이라는 과학자가 전자기유도법칙을 통해 전자기장의 기본 개념을 확립한 덕분이라고 한다. 그 이전에도 전기를 만들기는 했지만 극소량밖에 생산할 수 없었기 때문에 실생활에 이용하려는 생각을 미처 하지 못했다. 그러다가 페러데이가 발견한 전자기유도법칙 덕분에 보다 많은 양의 전기를 쉽게 만들어낼 수 있게 된 것이다. 이외에 전기에 대한 몇몇 글을 읽었으나 과학 지식이 전무한 나로서는 정확히 이해할 수 없었다. 다만 재미있는 구절 하나를 발견했다. 패러데이가 실험을 하고 있을 때 한 관료가 물었다.

"그래서 이걸 어디다 쓸 건데?"

"나중에 당신 같은 관료들이 여기에 세금을 매길 날이 올걸."

패러데이의 예언은 이후 테슬라와 에디슨이 지난한 전류전쟁을 벌인 끝에 비로소 현실이 되었다. 그런데 투자자인 나로서는 불만어린 궁금증이 생겼다. 기본법칙을 정리한 사람에 대한 이야기도 있고, 이를 대중을 위한 상품으로 개발한 인물에 대한 이야기도 있는데 투자자에 대한 이야기는 없었다. 이것이 사업화되어 전 세계에 확산되기까지 분명 투자자가 있었을 텐데, 그리 중요하게 여겨지지 않는 것이 분명하다. 사실 전기뿐 아니라 다른 모든 분야에서 투자자는 중요하게 다뤄지지 않는다.

## 자본이 없었다면
## 전기는 실험실을 벗어날 수 없었다

나는 대항해시대에 발명된 주식회사제도가 없었다면 우리 대부분은 과학적 발견, 공학적 발명의 혜택을 누리지 못했을 거라고 생각한다. 공학자는 축적된 과학지식을 이용해 뭔가 쓸모 있는 것을 만드는 사람이다. 패러데이의 전자기유도법칙이 없었다면 테슬라와 에디슨은 전기의 대중화라는 아이디어를 떠올릴 수 없었다. 그러나 기막힌 아이디어라 하더라도 자본을 만나지 못하면 현실화될 수 없다. 대규모 사업화를 가능하게 한 자본이 없었다면 전기는 실험실을 벗어날 수 없었을 것이다.

과학자는 자연법칙을 밝힌다. 공학자는 지금까지 쌓인 과학적 지식을 이용해 쓸 만한 물건을 발명한다. 사업가는 그것으로 이윤을 창출할 방법을 모색한다. 그리고 투자자는 그 사업 아이디어가 보다 많은 이에게 확산되도록 자금을 투자한다. 이것이 자연법칙이 대중화되는 순서다. 이 중에 한 요소만 빠져도 우리는 현대 문명의 혜택을 누리지 못할 것이다. 우리가 상품과 서비스라는 이름으로 구매하는 모든 문명의 이기는 이런 방식으로 우리의 생활을 편안하고 풍요롭게 하고 있다.

다수로부터 작은 돈을 모아 거대한 자본을 만들어 기업에 투자하는 주식회사제도는 이렇게 멋진 제도다. 제아무리 부자라도 혼자서는 할 수 없는, 그러기에는 그 규모가 너무 큰 사업을 진행할 수 있도록 해준다. 재기발랄한 젊은이가 장난삼아 시작한 일을 세계적인 규모의 사업으로 키울 수도 있고, 전 지구적인 재앙에 대비에 인류를 화성에 보내겠다는 몽상가를 시가총액 470억 달러에 달하는 기업의 수장으로 만들 수도 있다. 마크 주커버그에게, 일론 머스크에게 자본이 투자되지 않았다면 절대로 일어나지 않았을 일이다.

나는 그들의 아이디어와 리더십을 평가절하하지 않는다. 그들과 함께 일하는 사람들의 노고를 낮춰 보지도 않는다. 다만 그들의 성공에, 그들의 성공이 우리에게 가져다주는 편익에 주식회사제도가 아니라면 탄생할 수 없었을 자본의 힘이 있었다는 사실을 말하고 싶은 것이다.


## 아이디어만으로 사업을
## 가능하게 하는 주식회사

내 주머니에 있는 만 원으로는 어떤 사업도 할 수 없지만 다수가 모이면 다르다. 5천만 국민이 만 원씩 투자하면 5,000억 원 규모의 사업을 시작할 수 있다. 이 정도면 시가총액으로 무려 코스닥 60위권 기업의 수준이다.

그래서 나는 이렇게 말하고 싶다. 아직은 먼 훗날의 일처럼 보이지만 만일 한 가정이 한 기업의 주식을 보유한다면(나는 이런 내 주장을 '일가일사 운동'이라 칭한다), 좀 더 구체적으로 각 가정이 기업에 100만 원씩 투자한다면 우리 경제는 20대 젊은이처럼 혈기 넘치는 활동성을 갖게 될 것이다. 생각해보라. 당장 시작할 수 있는 사업이 몇 개이며 거기서 직접적으로 발생하는 일자리는 또 몇 개일까. 모든 사람이 기업에 투자하고 그 성장의 과실을 공유하는 것이 내가 꿈꾸는 세상, 즉 자본시장이 명실상부한 서민의 희망으로 자리 잡는 세상이다.

혹자는 이런 주장을 한다.

"사업 초기에 기업에 투자해주는 것은 사업가에게 확실히 도움이 된다. 상장할 때 공모주 청약에 참여해 자본을 투자해주는 것 역시 기업의 규모를 대폭 늘리는 데 도움이 된다. 그러나 상장 이후에는 다르다. 주식을 사고파는 거래가 있어도 해당 기업에는 새로운 자본이 투입되지 않는다. 그러므로 주식에 투자되는 모든 자본이 기업에 도움이 되는 것은 아니다."

맞는 말인 듯해도 사실 틀렸다. 예를 들어 상장하는 기업의 주식을 1억 원어치 산 사람이 있다고 하자. 다행히 위험을 감내하는 대신 이익을 나눈다는 주식회사의 원리를 잘 아는 사람이 대주주여서 매년 배당을 받는다고 하자. 그런데 갑자기 급하게 돈을 쓸 일이 생겼다면 어떻게 해야 하는가? 주식을 팔아야 한다. 상장을 했을 때 투자금을 회수할 수 있는 공모주 시장이 있어야만 스타트업 기업에 투자할 수 있고, 내가 산 주식을 언제든지 현금화할 수 있다는 보장이 있어야 공모주 청약에 뛰어들 수 있다. 스타트업 기업에 투자하는 전문 투자자들은 그만큼 위험을 감수하고 오랜 시간을 기다렸으므로 사업이 성공할 때 보상을 받아야 한다. 그래야 그 보상으로 또 다른 스타트업 기업에 투자할 수 있다. 유통시장이 없으면 발행시장은 무의미한 수준까지 축소될 거라는 말이다.

아이디어와 경영 능력을 가졌다면 누구나 돈이 없어도 사업을 할 수 있는 환경이 조성되어야 한다. 상장된 이후에 투자해줄 사람이 있어야 상장할 때 투자할 수 있고, 또 상장할 때 투자해줄 사람이 있어야 사업 초기에 투자할 수 있다. 마찬가지로 사업 초기에 투자해줄 사람이 있어야 성과가 날 때까지 적정 사업 규모를 유지할 수 있다. 이 순환 구조에서 어느 하나라도 무너지면 자본의 선순환 구조는 무너진다.

그러나 이 구조를 감안하지 않더라도 모든 투자자들은 합당한 보상을 받아야 한다. 자본을 투자하는 것으로 투자자로서의 의무를 다한 것이기 때문이다.

# 자본시장의 기반은
# 신용이다

"이 사업을 성공시키기 위해 제 인생을 걸었습니다. 몇십 년 동안 많은 위기를 겪었지만 넘어지지 않고 누구보다 열심히 노력해 우리 회사를 지속적으로 발전시켜 왔습니다. 이로써 저는 많은 사람에게 일자리를 제공했고 세금도 많이 냈습니다."

어떤 사업가가 이렇게 말한다면 여러분은 어떻게 반응하겠는가. 기업에 대한 투자가 직업인 나로서는 박수하지 않을 도리가 없다. 자기가 돈 벌려고 한 건데 무슨 박수냐는 배배 꼬인 심성의 소유자가 있을지 모르지만 유용한 재화를 생산해 우리 생활을 윤택하게 만든 공로는 인정해줘야 한다. 나는 일을 한다는 것 자체만으로도 사회에 일정 부분 기여하는 면이 있다고 생각한다. 그래서 돈을 내고 밥을 먹었으면서도 식당에서 나올 때는 "잘 먹었습니다" 하고 인사한다. 여기까지는 시비 걸 여지가 없다. 그런데 앞서 예로 든 사업가가 이렇게 말한다면 어떨까?

"이 사회에 공헌한 바가 많은 만큼 저도 제대로 된 보상을 받을 때가 된 것 같습니다. 그래서 이번에 상장을 하려고 합니다. 신주를 포함해 경영권을 방어할 수 있는 지분만 남기고 투자자 여러분에게 모두 팔까 합니다. 현금이 많이 생긴다고 생각하니 무척 뿌듯합니다."

이런 발언을 듣는다면 이제야말로 격렬하게 비난할 때다. 물론 상장할 때 이렇게 말하는 사람은 없다. 목표한 만큼의 자본을 투자받으려면 적어도 이 정도의 포부를 밝혀줘야 한다.

"그동안 열심히 기업을 경영했고 그 결과 지속적으로 성장해왔습니다. 우리 업종은 향후에도 계속 확장될 것이며 이에 따라 우리 기업도 더욱 성장할 것입니다. 우리는 이번 상장을 큰 도약의 발판으로 삼을 것이며 그 성과를 주주들과 나누겠습니다."

## 성과 공유의 약속을
## 지키지 않는 대주주

상장을 통해 자본을 모은다는 것은 그 돈으로 현재보다 더 크게 성장시킬 거라는 약속을 전제로 한다. 그런데 이 상식을 지키지 않는 대주주가 의외로 많다. 성과의 공유라는 약속을 지키지 않는 대주주 역시 의외로 많다. 아무도 그렇게 말하지 않지만 실제 행동은 상장을 한몫 챙기는 기회로 악용하는 사례가 적지 않다. 한몫 두둑하게 챙겨서 자기만의 구중궁궐로 들어가 버리면 투자자들은 정말 난감하다. 이런 대주주는 1년에 딱 한 번뿐인 주주총회에도 모습을 드러내지 않는다. 투자 받을 것 다 받았으니 이제 주주들을 볼 일은 없다는 식이다.

이런 기업들은 실제 가진 가치보다 주가가 낮게 형성되는 것이 보통이다. 이전 책에서 이런 기업에는 절대 투자하지 말라고 신신당부했다. 투자자 개인으로서는 이런 기업을 피하는 게 상책일 수 있지만 우리 자본시장 전체를 놓고 보면 비상식적인 행동을 하는 대주주가 끼치는 해악이 적지 않다.

어제 처음 만난 사람이 당신에게 100만 원을 빌려달라고 하면 빌려줄 수 있는가? 나는 빌려주지 않을 것이다. 십년지기가 같은 액수의 돈을 빌려달라고 하면 어떤가? 친동생이 그보다 더 큰 액수를 빌려달라고 하면 또 어떤가? 십년지기가 괜찮은 사업 아이템을 들고 와서 투자해달라고 하면 어떤가? 가족이 동업을 하자고 하면 또 어떤가? 그리고 시간 약속을 어기기로 정평이 나 있는 지인이 동업을 요청하면 투자하겠는가?

나는 지금 신뢰의 크기에 대해 말하고 있다. 상대방에 대한 신뢰의 크기와 깊이에 따라 우리는 10만 원도 투자하지 않을 수 있고 대출을 받아서라도 동업을 할 수 있다. 그러면 우리나라 주식시장에 대한 투자자, 특히 개인투자자가 시장에 갖는 신뢰는 어느 정도일까? 한 번도 주식투자를 하지 않은 사람들은 우리 자본시장을 어떻게 생각하고 있을까? 다음에 내가 최근에 겪은 일화를 소개하겠다.

## 투자의 본질을 말하고
## 사기꾼 취급을 받다

한 언론과 인터뷰를 했다. 내가 하는 이야기는 강의에서든 인터뷰에서든 크게 다르지 않다. 당시도 '매달 일정액을 적금 붓듯이 투자하라, 투자하기 전에 기업에 대해 충분히 공부하라, 도박하듯이 높은 수익률을 기대하지 말고 상식적인 기대를 하라, 동행할 기업 서너 개만 있으면 노후 걱정을 덜 수 있다' 등의 말을 했다.

그러면서 좀 더 쉽게 설명하려고 커피 값을 예로 들었다. 커피 한 잔 마시고 한 잔 사주면 대략 만 원이 되는데, 매일 그 돈을 아껴서 매년 10퍼센트씩 성장하는 기업에 투자하면 30년 후에는 7억 원이 된다는 내용이었다. 사실은 커피 값 자체가 아니라 월급에서 30만 원을 아껴서 투자하라는 게 본질이었다. 4인 가족이 매일 2,500원씩 아껴서 투자하라고 말했다면 반응이 좀 달랐을지 모르겠다. '하루 커피 값 주식에 투자하면 30년 후 7억 된다'라는 제목을 달고 나간 기사에 하루 사이 수백 개의 악플이 달린 것이다.

'서민 커피 값까지 삥 뜯냐?', '개미핥기들이 개미 꼬드기는 기사, 사짜 냄새 풀풀 난다' 등의 악플이 도배되어 있었다. 댓글을 단 사람 중 대다수는 나를 사기꾼 취급했다. '주식으로 1억 만드는 방법이 있는데 2억으로 시작하면 된다', '강원랜드나 주식이나 거기서 거기'라는 말도 있었다. 댓글을 보면 주식투자를 하지 않는 사람이 압도적으로 많은 듯했다. 그들에게 주식시장은 개미핥기들이 득시글거리는 개미지옥이었다. 이것이 우리 자본시장에 대한 사람들의 인식이다.

투자는 미래를 보고 하는 것이니 손실에 대한 위험은 늘 있다. 비상식적인 수익을 노리면서 스스로 개미지옥으로 걸어 들어가는 사람도 있다. 그러나 기업에 투자한 주변 사람들이 정당한 대가를 받는 모습을 많이 보게 되면 어떨까? 위험을 감수한 만큼 은행 이자보다 훨씬 높은 배당을 받는 친구가 하나둘 늘어나면 어떤 생각이 들까? 손실을 낸 경영자가 소액주주들 앞에 직접 나서서 마치 상장할 때처럼 간절한 자세로 손실을 만회하고 더욱 성장할 비전을 제시한다면 그 기업과 주식을 어떻게 생각할까? 우리 자본시장에 대한 신뢰는 당연히 커질 것이다. 그러면 더 많은 사람이 상식적인 투자를 하게 될 것이고 이는 우리 자본시장이 튼튼해지는 결과로 이어질 것이 자명하다.

상식을 지키지 않는 대주주들을 도덕적으로 비난할 생각은 없다. 인간은 본래 자기 이익에 충실하다. 그들을 비난한다 한들 상황은 달라지지 않는다. 또한 비상식적인 피해를 본 사람들의 손해가 보전되는 것도 아니다. 문제는 비상식적이고 자본시장을 저해하는 행동을 해도 그것이 '합법'이라는 것이다. 비상식적인 것들이 합법의 테두리 안에 있고 비상식적인 행동을 해도 규제할 방법이 없다면, 그것은 제도가 잘못된 것이고 그런 제도는 수정되어야 마땅하다.

# 대주주만이
# 기업의 주인인가

82세의 노인이 있었다. 그는 낡은 빌라의 반지하 방에 살면서 택시운전으로 먹고살았다. 그러던 어느 날 청천벽력 같은 일이 생겼다. 호텔 앞에서 손님을 태우려고 가던 중 순간적인 실수로 호텔의 회전문을 들이받은 것이다. 사람도 다치고 회전문도 망가졌다. 회전문에 대한 변상액만 4억 원. 그로서는 도저히 갚을 수 없는 금액이었다.

그런데 놀라운 일이 벌어졌다. 호텔의 사장이 부사장에게 택시기사의 경제 사정을 알아보라고 지시한 것이다. 기사를 만나고 온 부사장은 변상에 대한 이야기를 꺼낼 수 없을 만큼 사정이 어려웠다고 보고했다. 사고를 낸 지 사흘째, 택시 기사는 호텔 측으로부터 피해 변상에 대해서는 신경 쓰지 않아도 된다는 말을 들었다.

4억 원은 무척 큰돈이다. 어지간한 중산층이라도 살림이 거덜 날 만한 액수다. 당신이 실수로 누군가에게 4억 원의 재산 피해를 입혔다고 상상해보라. 아찔하지 않은가. 택시 기사에게 호텔 사장은 은인 중 은인이다. 하늘에서 귀인이 나타나 물에 빠진 그를 구해준 것이다. 모든 언론이 일제히 이 일을 두고 따뜻한 선행, 통 큰 기부, 노블레스 오블리주 등의 제목을 달아 크게 보도했다. 기사에 대한 누리꾼들의 반응 역시 칭찬 일색이었다. 굳이 밝히지 않아도 다들 어떤 일을 두고 하는 이야기인지 알 것이다.


## 선행을 베푼 것인가, 회사에 손실을 입힌 것인가

하지만 나는 호텔 사장의 '통 큰 변상액 면제'가 잘못된 행동이었다는 말을 하려고 한다. 미리 말해두지만 나는 돈 앞에서 피도 눈물도 없는 사람이 아니다. 또한 속이 배배 꼬인 사람도 아니다. 이제부터 욕먹기 딱 좋은 '훈훈한 미담에 딴죽 걸기'를 하려고 한다. 과도하거나 비논리적이라면 얼마든지 비판을 해도 좋다.

한 가지 상황을 가정해보자(이 설정은 앞으로도 계속 등장할 것이다).

당신은 주방장 출신의 친구와 51대 49로 자금을 투자해 식당을 개업했다. 식당 운영은 친구가 하는 대신 당신은 이익 중 20퍼센트만 받기로 합의했다. 결산하는 날이 되어 식당에 갔더니 친구가 낮에 벌어진 일을 말해주었다. 부모와 함께 온 꼬마가 장난을 치다가 100만 원이 넘는 텔레비전을 부쉈는데 알고 보니 꼬마의 생일날이었고 그 부모에게 100만 원은 꽤나 부담이 되는 액수여서 그냥 밥값만 받고 보냈다는 것이다. 친구는 꼬마의 부모가 정말 고마워했다고, 다른 손님들도 자신을 칭찬했다고 말한다. 여기까지만 들으면 훈훈한 미담이다. 동창회에 나가서 말했다면 "마음이 훈훈해지는군. 역시 내 친구야"라는 말을 들을 수도 있겠다. 그런데 주방장 친구가 당신에게 이렇게 말하면 어떨까?

"그러니까 이번 달 이익으로 새 텔레비전을 구매하자."

아직 뭐가 문제인지 모르겠다면 한 가지 예를 더 들어보겠다. 만약 그 호텔의 어느 과장이 택시 기사에게 "형편이 어려운 것 같으니 변상은 하지 않으셔도 됩니다"라고 말했다면 어떤 일이 벌어졌을까? 당신이 사장이라면 그 과장을 어떻게 하겠는가?

"당신이 그냥 가라고 했으니 그 돈은 당신이 변상하세요. 그리고 사표 가져 오세요."

주방장 친구는 식당의 유일한 주인이 아니다. 그러므로 식당의 재산에 관한 결정은 동업자인 당신의 동의를 받아야 한다. 과장은 호텔의 주인이 아니라 직원이다. 그에게는 독단적으로 변상을 면제해줄 권한이 없다. 사장이라면 어떤가? 그 호텔이 자기 개인회사라면 당연히 할 수 있고 칭찬을 받고도 남을 일이다. 그러나 그 호텔은 주식회사이며 사장 역시 과장과 마찬가지로 호텔의 직원일 뿐이다. 그가 100퍼센트의 지분을 가지고 있지 않다면 주식회사의 주주 중 한 명이면서 사장이라는 직책을 맡은 직원에 불과한 것이다.

## 주식회사의 기본이
## 지켜지지 않는 이유

주식회사의 사장은 직책이지 주인이라는 뜻이 아니다. 경영을 맡았다고 주인이 되는 건 아니다. 식당에서 일어난 해프닝이 진짜 미담이 되고, 호텔의 변상 면제가 진짜 감동이 되려면 그들이 자기 개인 돈으로 텔레비전을 사고 회전문을 고쳤어야 했다. 이사회의 의결을 거쳤다면 그것 역시 미담이 되기에 충분하다. 그랬다면 주주들도 박수를 보냈을 것이다. 하지만 누군가를 도울 때 타인의 돈을 쓴다면 선행이 아니다. 선행을 하려면 자기 지갑에 있는 돈을 꺼내야지 공금에 손을 대서는 안 된다.

그 많은 언론이 하나같이 선행이라고 떠들었지만 진실의 또 다른 면은 '주식회사에 4억 원의 손실을 입혔다'는 것이다. 남의 돈으로 선행을 베푼 사장도, 그걸 칭찬한 누리꾼들도 주식회사의 기본은 생각하지 않았다. 주식회사는 다수의 주주가 자신의 자본을 기업에 투자하고 투자한 자본만큼 기업의 이익을 공유하는 시스템을 갖고 있다. 이것이 주식회사의 기본적인 약속이다. 투자를 유치하거나 실제 투자에 임할 때 계약서에 서명하지는 않지만 이런 약속이 기본 전제다. 그런데 대주주는 회사 전체가 자기 것이라고 생각하고 다른 소액주주들은 자신이 기업의 주인 중 하나라는 생각을 하지 못하고 있다. 언론 역시 소액주주를 무시한 채 기업과 대주주를 동일하게 여긴 채 보도하고 있다. 주식회사에 대한 이러한 인식 부족이 우리나라 주식시장에서 일어나는 많은 불합리한 일들의 원인이 아닐까 싶다.

나는 주식을 매수하는 것이 곧 동업자를 선택하는 것이라고 여긴다. 상장한다는 것 역시 동업자를 모집하는 것과 같다고 생각한다. 주주의 숫자가 많고 매일 바뀌기는 하지만 동업자라는 사실은 변하지 않는다. 그것이 주식회사의 상식이다.

이 상식을 기준으로 두고 비상식적인 행태들을 고발하고자 한다. 대응할 방법이 없어 포기했던 일들을 다시 들추어보고자 한다. 정도의 차이는 있겠지만 투자를 해본 사람에게는 뼛속 깊이 새겨진 내용일 것이다. 물론 당장에 해결될 수 있는 문제는 아니다. 그러나 문제가 있으면 방치하기보다 계속해서 들추어내는 편이 낫다. 테이블 위에 문제를 올려놓는 사람이 많아질수록 비상식적인 일들이 사라지는 세상이 더 빨리 올 것이라고 믿는다. 비정상의 정상화가 필요한 때다.

2장

주식회사의
약속

# 우발적 횡령은
# 없다

'정당한 승부를 근거로 하는 프로 스포츠의 근간을 훼손했고, 스포츠 정신 함양에 이바지해야 할 선수가 경기를 조작하는 등 죄질이 나쁘다.'

떠들썩했던 프로야구 선수의 승부조작에 대한 법원 판결문 중 일부다. 법원의 판결은 집행유예였으나 한국야구위원회의 징계는 영구 실격이었다.

예외적인 경우도 있겠지만 프로에서 뛰고 있는 야구선수들은 대부분 초등학생 때 야구를 시작해 중학교와 고등학교를 거치면서 더욱 치열하게 경쟁을 하고 경기 성적에 따라 진로가 결정된다. 결과적으로 그들 중 단 10퍼센트만 프로구단에 들어간다.

거기서 끝이 아니다. 1군에서 주전으로 뛸 수 있는 사람은 더 적다. 그중 하나가 되기 위해 흘렸을 땀의 가치는 측정 불가능하다. 그렇게 오로지 야구만을 바라보고 살아온 사람 입장에서 보면 영구 실격은 크나큰 비극이자 지나친 처사일 수 있다.

하지만 가혹하게 처벌하지 않을 때 생길 수 있는 부작용을 고려해야만 한다. 승부조작에 가담한 선수에게 가벼운 처벌을 내린다면 이는 곧 잘못된 행위를 조장하는 것과 다름없기 때문이다. 만약 이 선수가 야구와 관련 없는 범죄, 예를 들어 폭행이나 음주운전을 했다면 이야기가 다르다. 법적인 처벌과 함께 야구위원회의 징계도 가능하겠지만 아예 야구를 하지 못하게 하는 건 부당할 수 있다.


## 직업인으로서 저지른 범죄에 더 엄격해야 하는 이유

자신의 직업을 이용한 범죄는 가혹할 정도로 엄격해야 한다. 공무원이 그 직위에 부여된 권한을 이용해 사적인 이득을 챙겼다면 지위고하를 막론하고 다시는 공직에 발붙이지 못하게 해야 한다. 의사가 의약품을 빼돌려 이득을 챙기거나 의료도구를 이용해 사람을 다치게 했다면 다시는 의사 가운을 입지 못하게 해야 한다. 다른 직업도 마찬가지다. 그냥 일반인의 자격으로 저지른 범죄와 전문적 식견을 갖춘 직업인으로 저지른 범죄는 다른 기준이 적용되어야 한다. 식칼이 강도의 손에 들어가면 흉기가 되듯 어떤 직업이 가진 업무와 권한이 이를 오남용하는 사람에게 주어지면 흉기가 되기 때문이다. 이것이 내 상식이며, 대중의 상식이어야 한다고 믿는다.

그런데 이런 내 상식은 광복절만 되면 무너지곤 했다. 횡령이나 배임으로 형을 살고 있는 기업인에 대한 특별사면 때문이었다. 해마다 광복절이 되면 대통령의 특별사면 대상에 누가 포함되는지를 관심 있게 지켜봤는데 항상 재벌총수가 그 중심에 있었다. 엄벌을 외치던 신문들도 이 시기가 되면 이상한 논리를 폈다. 그중 할 말을 잊게 한 칼럼이 있었다. 칼럼의 필자는 기업인을 사면하는 것이 그들에게 더 무거운 사회적 책임을 지우는 방법이라는 해괴한 논리를 폈다. 사면을 통해 그들로 하여금 자신들의 열정과 역량을 기업 활동에 쏟도록 유인해야 하며, 그 결과 일자리가 생기고 경쟁력이 강화되면 그것으로 우리 사회가 명확하게 보상을 받는다는 것이다. 이런 주장을 폈던 그는 무려 법학과 교수였다.

사실 이런 논리는 꽤 광범위하게 퍼져 있는 것 같다.

'총수가 감옥에 있으니 기업의 의사결정이 제대로 이뤄지지 않는다. 의사결정권자가 감옥에 있으니 투자결정을 내릴 수도 없다. 한 사람이 갇혀 있음으로 해서 거대한 기업이 제대로 돌아가지 않는다. 그를 사면하면 고마워서라도 투자를 할 것이고 그러면 경제 활성화도 되고 일자리도 늘어나는 것이 아니냐.'

그럴싸한 궤변이다. 이해관계가 전혀 없는데도 이 궤변에 동의하는 이들이 있다. 만인은 법 앞에 평등하다는 원칙은 잠시 내려놓겠다. 기업 차원에서만 말해보자. 예를 들어 기업에서 자재관리를 담당하는 과장이 창고에서 자재를 빼돌려 팔아먹었다면 그는 어떤 처벌을 받게 될까? 형법을 잘 모르지만 일단 절도죄가 성립될 것이다. 하지만 그런 법적 처벌이 내려지기 전에 해고라는 처벌을 먼저 받게 될 것이다.

'재고를 효율적으로 관리하던 과장이 없으니 자재과가 제대로 돌아가지 않는다. 어떤 물건은 부족하고 어떤 물건은 쌓여 있다. 그를 복직시켜 다시 일하게 하면 고마워서라도 열심히 일할 것이다. 그러면 회사의 이익에 도움이 되지 않겠는가.'

논리적 맥락은 크게 다르지 않다. 그러나 자재를 빼돌린 사람이 자재를 효율적으로 관리한다는 것은 애초에 말이 되지 않는다. 마찬가지로 기업의 돈을 경영자라는 직함을 이용해 빼돌린 사람이 경영을 잘 할 거라는 논리 역시 말이 되지 않는다.

더불어 사면되었기 때문에 투자를 많이 한다면 그것 역시 경영자로서는 실격이다. 사업적 가치가 있어서가 아니라 보은하는 심정으로 투자한다면 경제 활성화에 도움이 될 리 만무하다.

## 기업에 손해를 입힌
## 대주주의 권한을 제한할 수 없는가

횡령을 한 사람은 경제사범이다. 개인이나 기업, 공공단체, 국가 따위를 대상으로 경제적인 법익을 침해한 사람이다. 그런 사람을 사면해서 경제를 활성화시키겠다는 논리라면 도둑을 사면해 국민 재산을 지키게 하고 강도를 내보내 국민 안녕을 도모한다는 논리도 가능하다.

앞서도 주장했지만 나는 기업인 역시 자신의 직책과 관련 없는 범죄를 저질렀다면 법의 처벌을 받은 후에 경영자로 복귀할 수 있다고 생각한다. 논란이야 있겠지만 우발적인 범죄라면 이해해줄 여지가 있다. 그러나 우발적 횡령은 없다. 계획을 차근차근 세워서 주도면밀하게 진행하는 범죄가 횡령이다. 그 작업을 혼자 하는 게 쉽지 않으니 기업 내부의 핵심 인력까지 동원했을 것이다. 이렇게 주도면밀하게 기업에 손해를 끼친 사람이 기업 경영을 잘하고 나아가 경제에 도움이 된다는 발상을 어떻게 할 수 있는지 모르겠다.

여하튼 한국에서는 대주주이자 경영자인 사람이 범죄를 저질러 감옥에 있으면서도 이른바 '옥중결제'로 기업을 경영한다. 복역기간이 얼마인지는 관계없다. 언젠가 그는 감옥에서도 유지하던 결정권을 고스란히 지닌 채 기업으로 돌아갈 것이다. 사면에 대한 궤변이 사라지지 않는 이유도 결국 모든 결정권한이 그에게 있기 때문이다. 문제를 똑바로 봐야 한다. 경영자가 감옥에 있어서 문제가 아니라 감옥에 있음에도 불구하고 여전히 실질적인 경영권을 쥐고 있어서 문제다.

나는 자신의 이익을 위해 기업에 손해를 끼친 경영자가 다시 그 자리에 와서는 안 된다는 상식을 갖고 있다. 이 상식이 현실에서 상식적으로 일어나려면 어떻게 해야 할까?

대주주는 스스로를 경영자로 임명한다. 그 경영자가 직위를 이용해 기업에 손해를 끼치는 범죄를 저질렀다. 그는 더 이상 자격이 없다. 나는 횡령, 배임 등의 범죄로 기업에 손해를 끼친 대주주의 지분에 대해서는 의결권을 박탈해야 한다고 생각한다. 의결권은 박탈하되 배당에 대한 권리를 그대로 두면 사유재산을 침해하는 것은 아니다. 사유재산, 즉 지분에 대한 권리 박탈을 문제 삼을 수 있으나 그 지분을 통한 권한을 범죄에 이용했으므로 박탈 사유는 충분하다고 생각한다. 음주운전을 했다고 차량을 몰수하지는 않는다. 다만 운전을 못하게 할 뿐이다. 음주운전자가 운전대를 잡은 차량이 도로 위의 흉기인 것처럼 횡령, 배임 등의 범죄를 저지른 대주주의 권한 역시 자본시장의 흉기다.

# 무능하고 불성실한 직원은
# 어떻게 해야 하는가

신입사원의 월급이 왜 적은지 생각해본 적이 있는가? 같은 회사 내의 같은 부서에 근무하고 있다면 조직원 중 신입사원의 월급이 가장 적다. 나는 아직까지 어느 신입사원이 "저는 왜 대리님보다 월급이 적습니까?"라고 물었다는 말을 들어보지 못했다.

　신입사원은 바쁘다. 같은 공간에 있는 모두가 그의 상사이며, 상사들은 그에게 온갖 일을 다 시킨다. 그가 없을 때 이 회사가 어떻게 돌아갔는지 궁금할 만큼 많은 일을 하지만 월급은 가장 적다. 누구도 왜 적은지 묻지 않는 것은 신입사원에게 부여된 책임과 권한이 적기 때문이다. 그가 바쁜 이유는 상사들의 업무를 보조하기 때문이지 중요한 일을 하기 때문이 아니다.

그래서 프로젝트가 잘못되었을 때 신입사원에게 책임을 묻는 예가 없고, 프로젝트가 큰 성공을 거둔다한들 큰 공을 주지도 않는다. 그러다가 대리, 과장, 차장, 부장으로 올라갈수록 하는 일의 중요도가 올라가고 자연스럽게 월급도 올라간다. 그 정점에 경영자가 있다.

## 최고경영자는 막강한 권한만큼
## 책임을 지고 있는가

경영자는 기업 내에서 가장 막강한 권한을 가지고 있다. 그는 보고서를 쓰지 않지만 올라오는 모든 결재서류에 퇴짜를 놓을 수 있다. 신입사원은 눈도 맞추기 어려운 부장들을 '혼낼' 수도 있다. 모든 구성원은 그가 지시한 내용을 따라야 하고, 그가 사인한 결재서류를 포함해 그 입을 통해 나온 모든 말이 실무진의 업무 지침이 된다. 월급을 제일 많이 받아도, 넓은 사무실을 혼자 써도, 비서와 자동차, 운전기사까지 제공받아도 문제 삼지 않는다. 나 역시 문제 삼을 생각이 전혀 없다.

내가 주목하는 부분은 권한과 동의어에 가까운 책임이다. 예를 들어 어떤 기업에 정말 무능력한 과장이 있다고 하자. 만년 과장인 그는 입사동기 중 가장 늦게 과장이 됐을 뿐 아니라 지금은 후배들에게도 뒤처지는 중이다. 입사동기인 부장들도 그의 무능을 잘 알고 있고 부하들은 의사소통에 방해가 되는 그를 부담스러워한다.

그는 어떻게 될까? 이미 그렇겠지만 점점 덜 중요한 부서로 발령받을 것이다. 더 이상 승진도 되지 않을 것이다. 현실적으로 보면 결국에는 사표를 내야 하는 상황에 내몰릴 것이다. 영업 1팀, 영업 2팀처럼 경쟁관계에 있는 팀의 팀장이라면 훨씬 더 빠른 속도로 당락이 결정된다. 이렇듯 기업의 모든 구성원은 능력에 따른 대우를 받는다. 능력이 있는 사람은 더 많은 권한을 갖게 되고 그렇지 못한 사람은 승진에서 반복적으로 누락될 것이다. 이것이 상식이다.

만약 어떤 대주주가 다른 기업에서 큰 성과를 거둔 전문경영인을 영입했다고 하자. 하지만 그 전문경영인이 운이 다한 건지 총기가 떨어진 건지 여하튼 뚜렷한 비전을 보여주지도 못하면서 몇 년 동안 적자를 내고 있다면 대주주는 어떤 판단을 내릴까? 만일 흑자를 내긴 하지만 유지만 하는 수준이라면, 즉 기업을 더 이상 성장시키지 못한다면 대주주는 어떻게 할까? 업종과 기업의 상황을 고려해야겠지만 그 전문경영인은 해고될 가능성이 높다. 권한만 누렸을 뿐 책임을 다하지 못했기 때문이다.

## 대주주는 지분으로
## 경영자는 경영으로

똑같은 경영자인데 만일 그가 대주주라면 어떻게 해야 할까?

정말 막막하다! 그는 스스로를 경영자로 임명한 사람이다. 그러니 제 스스로 물러나지 않는 한 책임을 물을 방법이 없다. 고작해야 1년에 한 번 열리는 주주총회에서 잠깐 소리 지르는 게 전부다. 그가 그 자리에 나오지 않으면 그마저도 하지 못한다.

적자를 냈다고 사무실 크기를 줄이지 않고 비서를 해고하지도 않으며 자동차를 빼앗기지도 않는다. 권한에 따른 혜택은 명백한데 어떤 방식으로 책임을 지는지 알 수 없다. 주주들의 재산이 반토막 나도 대주주이자 경영자의 월급은 줄어들지 않는다.

뭔가 이상하다며 고개를 갸웃거리는 사람이 있을지 모르겠다. '실적이 좀 안 좋다고 주인을 쫓아낼 수 있는 건가?' 하는 생각이 든다면 아직까지 주식회사의 정의를 잘 모르는 거다. 많은 지분을 갖고 있다고 주인이 되는 건 아니다. 주식회사는 어디까지나 동업으로 운영된다. 기업이 이익을 내면 공동으로 이익을 보고 적자를 내면 공동으로 손해 보자는 약속을 전제로 한 것이 주식회사다. 여전히 생각의 전환이 어렵다면 앞서 예로 든 공동 투자한 식당을 떠올려 보라. 주방장 출신의 친구와 51대 49로 자금을 투자하고 운영은 친구가 하는 대신 수익의 20퍼센트를 받기로 한 식당 말이다.

그 식당이 매달 적자를 내고 있다면 어떨까? 적자를 낸 것까지는 이해한다고 치자. 그런데 그 친구는 매달 적지 않은 월급을 가져가고 식당 명의로 자가용까지 사서 타고 다닌다. 기름 역시 법인카드로 결제하고 있다. 하지만 식당이 적자를 내고 있으니 수익을 보기는커녕 투자한 자본금도 계속 줄어들고 있다. 당신은 속이 타들어가는데 동업자는 편안하게 잘 살고 있다. 그러면서 적자를 해소할 비전을 찾지도 않고 만나기조차 어렵다. 이런 상황인데도 대응할 방법이 없다면 그것은 상식에 부합하는가?

나는 지금 합법과 불법을 말하는 것이 아니다. 그가 무능하든 도덕적으로 문제가 있든 1주 1표의 원칙에 따른 표결로 경영자가 되었으니 틀림없는 합법이다. 그러나 법은 상식을 명문화한 것이다. 상식에 위배되는 법은 바뀌어야 한다.

그동안 우리는 견제 받지 않는 무능한 대주주가 경영자 자리를 꿰차고 앉아서 기업을 망하게 하는 사례를 많이 봤다. 적자 운영을 지속하면서 대안을 내놓지 못하는 경영자에 대한 대비책이 있었다면 주식회사 한진해운을 비롯한 많은 기업의 운명이 달라졌을 것이다.

'많은 지분=경영자'라는 등식은 성립하지 않는다. '경영 능력=경영자'라는 등식이 상식이다. 이 상식을 어떻게 제도로 만들 수 있을까. 솔직히 마땅한 해결책이 떠오르지 않는다. 다만 아래 두 가지 질문에 대한 답이 동일하다는 것은 알겠다.

'무능하고 불성실한 직원은 어떻게 해야 하는가?'

'무능하고 불성실한 경영자는 어떻게 해야 하는가?'

경영자도 직원 중 한 사람이니 결국 답은 같다.

# 기업은 누가
# 경영해야 하는가

인사담당자는 입사지원자의 무엇을 보고 채용하는가? 지원 동기, 학벌, 외국어 능력, 학점, 기타 경험 등 다양한 요소들을 살필 것이다. 회사마다 중요하게 생각하는 요소가 다르겠지만 공통점은 그 모든 것이 입사지원자의 '과거'라는 사실이다. 지원자의 자기소개서를 통해 그의 포부를 볼 수 있다. 하지만 그 포부의 진정성은 그의 과거를 통해 증명된다. "귀사의 제품을 해외에 널리 알리는 것이 목표"라고 말하면서 과거에 영어 공부를 한적이 없었다면 인사담당자는 콧방귀를 뀔 것이다. 미래에 하겠다고 말한 일이 과거의 궤적과 일치하지 않기 때문이다.

이처럼 우리는 그의 과거를 통해 미래에 어떻게 행동할지 추측하고 판단한다. 사소한 약속도 잊지 않고 지켰던 사람은 미래에도 그렇게 행동할 가능성이 높다. 지난해 좋은 성적을 냈던 운동선수는 올해에도 좋은 성적을 낼 가능성이 높다. 몇 년간 실적이 좋았던 보험설계사는 내년에도 좋은 실적을 낼 거라고 기대할 수 있다. 승진 역시 그의 과거 실적을 근거로 이뤄진다. 과장일 때 보여준 능력(여기에는 성실함, 정직함 등 인성도 포함된다)을 보고 차장이 되기에 충분한지 판단하는 것이다.


## 경영자는 무엇을 보고 채용하는가

'어떤 사람을 입사시켜야 하는가?' 혹은 '어떤 사람을 승진시켜야 하는가?'라는 질문은 그 직책을 맡겼을 때 어떤 사람이 가장 좋은 성과를 낼 수 있는지 묻는 것이다. 그렇다면 이런 질문도 당연히 가능하다.

'기업은 누가 경영해야 하는가?'

질문도 단순하고 답도 간단하다. 경영 능력이 있는 사람이 경영해야 한다. 누군가에게 경영 능력이 있는지 어떻게 알 수 있는가. 역시 그의 과거를 보는 것밖에 달리 방법이 없다. 횡령한 과거가 있는 사람을 경영자 자리에 앉힐 수 없다. 작은 난관도 뚫어본 적이 없는 사람을 경영자 자리에 앉힐 수 없다. 부하직원들과 갈등을 자주 일으켰던 사람 역시 경영자에는 적합하지 않다. 앞으로는 잘하겠다고 해도 그들이 보여준 약점을 극복한 과거가 없다면 믿기 어렵다.

반대로 위기에 처한 기업에 전문경영인으로 들어가 회생시킨 사람이라면 비슷한 처지의 기업에 어울리는 경영자가 될 수 있을 것이다. 기업의 체계를 잡는 성과를 보여준 사람이라면 갑자기 성장해서 중구난방인 기업이 탐낼 만하다. 신사업을 개척하는 역량을 보여줬다면 새로운 분야에 뛰어들려는 기업에 안성맞춤이다. 꼭 외부인사일 필요도 없고 전문경영인이었을 필요도 없다. 기업 내에서 프로젝트를 성공시킨 경험이 많은 사람을 경영자로 임명할 수도 있다. 100퍼센트 성공한다는 보장은 없지만 현재 우리가 알고 있는 가장 합리적이며 상식적인 인재 등용 방법이다.

그렇다면 이런 질문은 어떤가.

'창업자는 경영자 자리에 적합한가?'

예를 들어 1억 원의 창업자금을 시작으로 30년 동안 200억 원 규모의 기업으로 키운 창업자가 있다면 그는 경영자 자리에 적합한가? 이 역시 곧바로 그렇다고 답할 수 없다. 열심히 키워온 기업을 스스로 망하는 길로 인도한 창업자도 없지 않기 때문이다. 내게 묻는다면, 최근 몇 년간의 과거(기업 경영 성과 등)와 앞으로의 계획을 들어본 다음 판단하겠다. 여기까지 동의한다면 다음 질문은 쉽다.

'경영자의 아들은 경영자 자리에 적합한가?'

그럴 리 없다. 현재의 경영자가 지금까지 탁월한 능력을 보여 줬고 인품 또한 훌륭하더라도 대답은 바뀌지 않는다. 경영 능력과 인품은 영향을 받을 수 있을지언정 그대로 유전되지는 않기 때문이다. 따라서 다른 모든 사람과 마찬가지로 경영자의 아들 역시 자신의 과거로써 미래를 증명해보여야 한다. 일등을 놓친 적이 없고 그 성적을 바탕으로 외국의 명문대를 졸업했다고 해도 그것으로 경영 능력이 검증되지는 않는다. 초중고 시절 좋은 성적을 유지한 사람은 농부의 아들 중에도 있다. 외국 명문대에서 경영학을 공부한 사람은 공무원의 아들 중에도 있다.

## 경영자의 아들이 경영자가 되는 건
## 경영 능력이 유전이라서?

경영자의 아들이 경영자가 되려면 경영 능력을 증명해야 한다. 어릴 때부터 후계자 교육을 받았다는 것은 참고 사항은 될지 몰라도 검증 받은 것은 아니다. 나라를 외세에 빼앗긴 왕도 왕위 계승을 위한 엄격한 교육을 받았을 것이기 때문이다.

우리는 대주주의 아들딸이 초고속으로 승진하는 사례를 자주 본다. 도대체 어떤 성과를 냈기에 남들은 수십 년을 바쳐도

도달하지 못하는 자리를 몇 년 만에 꿰차는 것인가. 한 번도 회사에서 일한 적 없는 사람이 대주주의 아들이라는 이유만으로 경영자 자리에 앉는 꼴도 우리는 본다. 부모의 능력은 자식의 실력이 되지 않는다. 그래서도 안 된다. 또한 아무리 개인 기업이라고 해도 함부로 자식에게 경영자의 자리를 물려줘서는 안 된다. 그 회사에도 직원들이 있고 직원들 뒤에는 그들의 가족이 있다. 주식회사는 더 말할 것도 없다. 중견기업에서 임원으로 있다 퇴사한 지인이 이렇게 말했다.

"말이 좋아 3세, 4세 경영이지 같이 일하다 보면 가슴이 턱턱 막힐 때가 한두 번이 아닙니다. 앞으로 이 기업이 어떻게 될지, 불안감이 밀려오는 게 사실이에요. 돈 한 푼 벌어본 적 없이 부모덕에 벤츠 몰며 부족한 거 모르고 자란 3,4세가 직원들과 제대로 된 소통을 할 수 있겠어요? 기업에 위기라도 닥치면 돌파할 수 있을까요?"

일상에서 좀처럼 볼 수 없는 현상이라고 비상식은 아니다. 반대로 일상에서 늘 보는 일이라고 전부 상식은 아니다. 대주주와 경영자가 동의어처럼 쓰이고 있고 자식에게 그 자리를 물려주지 않는 것이 뉴스가 되는 나라에서 내가 말하는 상식은 백면서생의 주장처럼 들릴 수 있다. 그러나 경영 능력이 있는 사람이 경영자의 자리에 앉아야 한다는 상식에 동의한다면 우리는 비상식이 횡행하는 세상에 살고 있는 것이다.

# 나는 기업가와
# 동업하고 싶다

요즘도 여전한지 모르겠다. 얼마 전까지 오디션 프로그램 전성시대라는 기사를 자주 봤다. 전국에서 노래 좀 한다는 사람들이 한데 모여 치열한 경쟁을 거친다고 한다. 수십만 명의 지원자 중 기획사의 선택을 받는 사람은 몇 명밖에 되지 않는다. 그중에서 가수로 데뷔하는 사람은 더 적을 것이고, 데뷔 이후 가수로서의 생명을 이어가는 사람은 더 적다. 수십만 명 중 한 명이라고 해도 과언이 아닐 것 같다.

이 방법이 과연 최선일지는 알 수 없지만 길 가는 사람 중 아무나 붙들어 가수를 시키는 것보다 성공할 가능성이 높다. 또 가수의 아들이나 딸을 데려다 연습을 시키는 것보다 낫다. 길

가는 사람 중에는 음치가 섞여 있게 마련이고 부모가 노래를 잘한다고 자식도 노래를 잘한다는 보장은 없다. 경쟁을 통해 올라왔다면 적어도 노래는 잘할 것이다. 가창력을 증명한 후 자신만의 매력을 가진 사람이 승자가 된다.

물론 예술과 경영은 비교 대상이 아니다. 다만 이런 경쟁 시스템이 경영자를 선택할 때도 적용되어야 하지 않을까 하는 생각은 든다. 우리에게 낯설 뿐 그렇게 황당한 시스템이 아니다.


## 제프리 이멜트는
## 어떻게 잭 웰치의 뒤를 이었나

전 제너럴 일렉트릭GE의 CEO 이름은 제프리 이멜트다. 굳이 이름을 밝히는 이유는 그가 GE를 창립한 에디슨의 후손이 아니라는 걸 말하기 위해서다. 이멜트는 1982년 GE플라스틱에 입사했다가 1989년에는 GE가전의 부사장에 취임했고 1991년에는 국제마케팅 및 생산담당 부사장이 됐다. 1997년에는 GE메디컬시스템의 사장이 됐고, 마침내 2001년 잭 웰치의 뒤를 이어 최고경영자 자리에 올랐다.

GE는 성과가 뛰어난 직원 중 한 명을 골라 CEO에 임명하지 않았다. 1993년에 20명의 후보 명단을 작성했고, 이멜트는 그중 한 명이었다. 후보 20명은 각각 여러 사업부를 맡으면서 자신의 능력을 시험받았고 부족한 사람은 탈락했다. 3년 후에는 20명 중 15명이 탈락했고 나머지 5명이 치열한 경쟁을 벌였다. 그런 과정을 거쳐 CEO가 된 사람이 이멜트다.

최초 20명의 명단은 어떻게 작성되었을까? 추측건대 그보다 훨씬 더 많은 명단이 있었을 것이다. 그중 고르고 골라서 20명을, 그중에서 또 고르고 골라 5명을, 다시 그중에서 최고를 골라 경영자 자리에 앉혔다. 이미 강조했지만 그는 에디슨의 후손도 아니었고 잭 웰치의 아들도 아니었다.

경영 능력은 유전되지 않는다. 타고난다 하더라도 유전되었는지 알려면 시간을 두고 검증해야 한다. 또한 똑같은 능력이더라도 세상이 바뀌어 더 이상 인정받지 못하는 능력도 있다. 기업을 반석에 세운 창업자라고 항상 좋은 경영자일 수는 없는 이유다. 개인 기업은 물론이고 주식회사조차 대주주의 사유물로 여기는 것이 일반적인 인식이다. 그러나 기업은 사유물이 아니다. 여기서 한 기업인의 말을 경청해볼 필요가 있겠다.

기업은 개인의 사유물이 아니라 사회의 공기다. 재산 상속은 가치가 낮은 것이고 그보다 더 못한 것이 기업의 경영권 상속이다. 기업은 경영자와 종업원의 합동 작품이지 자식이 기업 발전에 무슨 공헌을 했는가?

-⟨한겨레21⟩ 2005년 1월 4일

기업가정신이 사라졌다. 2세, 3세로 이어지면서 편하게 기업하는 것이 익숙해졌다. 나라 경제를 이끄는 기업인은 그냥 사인이 아니다. 도덕관념, 공공성이 있어야 한다.

−〈포브스코리아〉 2017년 1월 23일

박종규 전 ㈜KSS해운 회장의 말이다. 그는 자식에게 경영권을 물려주지 않았다. 대주주이지만 인사권과 자금집행권을 전문경영인에게 넘겨주고 회사 일에도 관여하지 않는다고 한다. 전문경영인의 힘이 약해질까 봐 회사에도 나가지 않는다.

## 우리 사회에 필요한 건
## 기업가정신을 가진 경영자

이를 두고 "자기 회사 자기 자식에게 물려주겠다는데 뭐가 문제야?" 혹은 "자식에게 물려줬다가 망하더라도 내 회사인데 당신들이 무슨 상관이야?"라고 반문한다면 아직도 주식회사의 개념을 모르는 것이다. 또한 무엇이 상식인지, 세상이 어떻게 움직여야 하는지는 전혀 생각하지 않는 사람이라고 봐도 무방하다.

남의 집 가정사에 끼어드는 것 같아 미안하지만 좋은 아버지도 아닌 것 같다. 자식을 사랑하는 아버지라면, 자기가 창업한 회사를 정말 아끼고 기업가정신이 조금이라도 남아 있는 경영자라면, 자식을 시험에 들게 해야 한다. 몇억 원 정도 쥐어주고 혼자서 사업을 일궈보게 한 다음 그 성공 여부에 따라 회사 승계를 생각해보겠다는 각오 정도는 할 수 있어야 한다.

경영자인 아버지의 귀한 아들이라는 것 외에 검증받은 것이 없는 사람이 경영자가 되는 건, 면허도 없는 전직 운전수의 아들이 핸들을 잡은 버스가 고속도로를 누비는 아찔한 상황과 다를 게 없다. 핸들은 운전을 잘하는 사람이 잡아야 한다.

우리 사회는 기업의 기반이며 기업은 우리 사회에 필요한 재화를 제공한다. 기업이 우리 사회의 기반이기도 한 것이다. 그런 기업의 수장은 누군가의 아들이 아니라 그만한 능력이 있는 사람이 맡아야 한다. 나는 기업가정신을 가진 경영자를 원한다. 그런 경영자와 동업하고 싶다. 대주주의 아들과 경영 능력 있는 사람 중 누가 기업 경영을 잘할까? 어떤 경영자가 많을 때 우리 경제가 활기를 띄게 될까?

참 쉬운 문제다. 결론은 정해져 있다. 이제 그 결론이 실행될 수 있는 제도를 만들어야 한다. 비상식이 발붙이지 못하도록, 자식 사랑은 가정에서만 가능하도록 "만들면 된다."

한 사람의 아들 사랑을 위해 다른 사람들이 피해를 보는 것은 상식이 아니다. 또한 기업의 성장을 위해 일해야 할 똑똑한 사람들이 아들 사랑의 선봉장이 되는 것 또한 상식이 아니다. 게다가 기업이 아니라 아들을 위해 경영을 하다 기업에 손해를 끼치는 경영자라면 이미 경영자의 자격을 상실한 것이다. 경영자 자격이 없는 사람이 경영자로서의 능력을 검증받지 못한 사람에게 그 자리를 물려준다면 이 또한 황당한 일이다.

이 같은 비상식적인 상황이 벌어지는데도 "세상이 원래 그렇지"라며 푸념만 한다면 "내 재산이었던 것을 당신이 가져가도 나는 문제 삼지 않겠다"라고 말하는 것과 같다.

한편으로는 상속증여세율이 적절한가에 대한 논의도 필요하다. 한국에서는 30억 원 이상의 재산을 상속할 경우 최고 50퍼센트의 상속세율이 부과된다. 특히 기업의 최대주주가 보유주식을 물려줄 때는 할증세율이 적용되어 65퍼센트로 높아진다. 소득세까지 포함하면 평생 번 돈의 70퍼센트를 세금으로 내야 한다. 아주 조심스럽게 말하자면, 이처럼 지나치게 높은 상속세율이 기업 상속과 관련된 온갖 편법이 난무하게 된 이유 중 하나라고 생각한다. 물론 상속증여세를 깎아준다고 해서 합리적으로 기업을 경영하고 정직하게 세금을 낸다는 보장이 있느냐고 묻는다면, 모르겠다. 하지만 일정 부분 도움은 될 것 같다. 오래도록 누적된 '문화'가 한두 가지 조치로 해결되지는 않을 것이다. 하지만 소유와 경영의 분리를 실현시킬 방법에 대한 논의는 중단 없이 계속되어야 한다.

# 대주주의 연봉은
## 어떻게 책정해야 하는가

어떤 영화는 수익은커녕 투자금조차 건지지 못한다. 유명한 배우와 감독이 오랫동안 공들여 만들었지만 끝내 대중의 선택을 받지 못한 것이다. 또 어떤 영화는 조연급 배우들을 쓰고 짧은 기간 촬영을 하고도 투자금의 몇 배를 벌기도 한다. 기업의 제품도 그렇다. 그야말로 전사적으로, 회사의 명운을 걸고 막대한 자본과 인력, 시간을 투입하고도 실패하는가 하면 기발하고 간단한 아이디어 제품이 히트 상품이 되기도 한다. 이렇듯 여러 사람이 투입된 공동의 업무가 성공 혹은 실패했을 때 그 책임은 누구에게 있을까?

영화의 경우 흥행에 실패하면 감독에게 1차적인 화살이 날아가지만 속사정을 들여다보면 제작자의 지나친 간섭, 유명 배우의 갑질, 경쟁 영화 등이 원인일 수 있다. 기업도 다르지 않다. 어떤 프로젝트가 성과를 거두지 못했을 때 기획이나 생산을 담당하는 부서에서는 마케팅 부서를 탓하기 쉽고 마케팅 부서는 애초부터 되지도 않을 제품이었다는 말로 일정 부분 책임을 면하려 든다. 즉 어떤 프로젝트의 성패에 따라 본인이 내세우는 관여도에 차이가 많이 난다.

그런데 같은 기업에서도 영업직은 조금 다르다. 대리점의 지원도 중요하지만 개인의 역량이 더욱 중요하다. 사무직이나 생산직과 달리 업무 성과가 명확하기 때문에 실적에 따라 돈을 받아가는 것이 당연하고 또 마땅하다. 그래서 같은 지점에 있는 보험설계사라도 능력에 따라 어떤 사람은 겨우 기본급만 받고 어떤 사람은 억대 연봉을 챙겨간다.


## 경영자의 연봉은
## 업무 능력에 따라

경영자의 업무 성격은 어떤가? 생산직에 가까운가, 사무직에 가까운가, 아니면 영업직에 가까운가. 나는 영업직에 가깝다고 생각한다. 내부적으로는 각 부서의 공이나 과가 얼마인지 불명확하다. 그러나 기획, 생산, 마케팅, 지원 등 모든 부서의 합이 기업 경영의 최종 결과물이고 이는 각 분기별 재무제표에 드러난다. 물론 숫자만으로는 나타나지 않는 미래를 위한 준비 역시 경영자의 중요한 업무다. 그러나 이 역시 해당 사안을 내부에서 기획하고 실행한 경영자가 외부에 있는 동업자(주주)들에게 최선을 다해 설명하고 이해를 구해야 하는 것이다.

한번 생각해보자. 보험설계사처럼, 자동차 판매사원처럼 경영자는 자신의 업무 성과에 비례하는 연봉을 받고 있을까?

2013년까지 한국의 주주들은 자신의 동업자가 연봉을 얼마 받는지 알지 못했다. 임원 보수의 총액만 공개하면 됐기 때문이다. 2014년 3월부터는 연봉이 5억 원 이상인 등기임원의 개인별 보수와 구체적 산정 기준을 공개하도록 했다. 그러자 등기임원에서 사퇴하는 방법으로 보수 공개를 피했다. 그래서 2018년부터는 임원 여부와 관계없이 총액 기준 상위 5명의 보수를 공시하도록 바꿨다. 이에 대해 전국경제인연합회 등은 사생활 침해, 범죄의 표적이 될 가능성을 들며 반대했다. 하지만 그 어떤 이유를 들어도 전혀 설득력이 없다. 그보다는 '미등기 임원의 보수에 대한 주주 및 국민들의 알 권리를 보장하고 이에 대한 감시를 강화하여 회사 경영의 투명성과 사회적 책임을 강화하고자 함'이라는 법 개정 목적에 고개가 끄덕여진다.

사실 보수를 공개하라는 자본시장법 개정은 매년 수십억 원에서 많게는 100억 원 넘는 연봉을 지급하는 대기업을 겨냥한 것으로 보인다. 재벌기업의 영향력이 그만큼 크기 때문인데 '기업의 이익에 기여한 만큼 연봉을 받아야 한다'는 상식에 비춰보면 모든 주식회사 임원의 보수는 공개되어야 한다. 한 발 양보해 임원 보수는 총액만 공시하더라도 경영자 개인의 연봉은 단독으로 공개되는 것이 마땅하다. 주주들은 동업자의 연봉이 얼마인지 알 권리가 있다. 최소한 그것이라도 알아야 능력과 대비해 적정한 보수를 받고 있는지 따져볼 게 아닌가.

경영자의 연봉은 얼마가 적당할까? 예전에 이와 관련된 칼럼을 쓴 적이 있다. 다소 중복되는 내용이 있지만 맥락상 전문을 싣는다.

## 대주주의 연봉이 배당에 비례한다면

기업에 투자해서 먹고사는 전업투자자로서 나는 기업가들을 존경한다. 한 기업이 탄생해 현재까지 운영되고 있다면 그 기업은 우리 사회가 필요로 하는 재화를 생산해냈다는 뜻이다. 어떤 재화는 연인을 만나러 가는 청춘을 좀 더 멋져 보이게 만들었고 또 어떤 재화는 가족들과 편안하게 지낼 수 있는 공간을 제공했고 또 다른 어떤 재화는 아기를 안전하게 키우고 싶은 엄마의 마음을 만족시켰다.

이렇게 사람들의 생활을 윤택하게 만드는 데 도움을 주는

것이 기업이다. 일반적으로 생각하는 자본주의와 어울리지
않을지 모르지만 나는 그렇게 믿고 있고 투자의 판단을 내
릴 때도 중요한 기준으로 삼고 있다. 그러니 사람들의 생활
을 윤택하게 만드는 기업의 수장을 존경하지 않을 수 없다.
존경이라는 단어가 과하게 느껴진다면 존중이라고 해도 좋
다. 이 존중의 마음을 기본으로 두고 경영자의 연봉에 대해
말해보고자 한다.

경영자는 많은 연봉을 받는다. 경영자라는 자리에 따라오
는 크고 작은 혜택들은 논외로 하자. 경영자가 많은 연봉
을 받는 이유는 자명하다. 그의 결정에 따라 기업의 운명이
달라지기 때문이다. 직원들에 비해 얼마나 많이 받아야 하
는가에 대해서는 의견이 갈릴 수 있지만 직원들보다 많이
받아야 한다는 데는 다들 동의하리라 생각한다.

문제는 우리나라 기업들 대부분은 대주주가 기업 경영을
맡고 있다는 것이다. 전문경영인은 기업의 성과가 좋지 않
으면 자리를 내놔야 한다. 하지만 대주주는 아니다. 기업이
적자를 봤다고 자기 연봉을 깎는 경영자는 '거의' 없다. 매
년 실적에 따라 경영자의 연봉을 올리거나 깎아야 한다는
말이 아니다. 그보다는 주식회사에 어울리는 근본적인 해
결책이 있다. 바로 배당이다.

만약 대주주가 많은 연봉으로 윤택한 생활을 누리면서 배

당을 하지 않는다면 어떻게 될까? 그러면 나머지 주주들은 자신의 자본을 기업에 투자한 의미가 없다. 투자는 성과가 났을 때 그만큼의 이익을 돌려받는다는 것을 전제로 하고, 그것이 주식회사제도의 기본 개념이다.

연봉을 적게 받는 대신 이익을 냈을 때 배당을 통해 성과에 대한 보답을 받으면 된다. 이익을 많이 낸 해에는 배당액을 그만큼 늘리고 적게 냈으면 배당액을 그만큼 줄이면 된다. 적자를 내면 경영자로서 성과가 없는 것이니 배당을 받지 않으면 된다. 전문경영인이면 배당에 비례하는 성과급을 주면 된다. 기업의 장기적인 발전을 위해 과감한 투자가 필요하다면 배당을 주지 않을 수 있다. 그럴 때라도 경영자 역시 허리띠를 졸라매는 것이므로 다른 주주들도 얼마든지 용인하고 기다려줄 수 있다.

기업에는 막대한 유보금이 쌓이고 대주주는 윤택한 생활을 누리는데 소액주주들은 투자를 해놓고도 그에 대한 보답을 받지 못하고 있는 것이 우리나라의 현실이다. 한국에 사는 사람들이 한국 기업에 투자를 많이 한다면 외국 투자자본의 눈치를 보지 않아도 된다. 우리 자본시장을 '개미'들이 든든하게 받쳐줄 것이기 때문이다.

인생은 길어졌고 계속해서 일할 수도 그렇다고 월급만으로 노후를 대비할 수도 없다. 저성장 저금리시대, 배당에 의지하면서 살아가야 한다. 대주주의 연봉이 배당에 비례한다면 소액주주들이 기업의 성과에서 소외되는 일을 막을 수 있다. 기업에 대한 신뢰가 쌓이고 우리 자본시장이 튼튼해지는 결과로 이어질 것이다.

　　　　　　　　　　　　　　　－〈아시아경제〉, 2016년 8월 2일

　경영자의 연봉 자체를 문제 삼는 것이 아니다. 대주주가 스스로를 경영자로 임명해놓고 자신의 이익에는 충실하고 동업자들의 이익을 외면하는 것이 문제라는 것이다. 월급을 많이 받는다는 것은 경영을 잘했다는 뜻이고, 경영을 잘했다는 것은 기업에 이익이 났다는 뜻이다. 그러면 그 이익은 투자자들과 공유하는 것이 당연하지 않은가.

# 배당 잔치라니?

> 도 넘은 '배당 잔치' 외국인·대주주 특혜 논란
>
> 서민들 피 빨아 외국인 배당 잔치하는 은행들
>
> 외국인 배당 잔치… 10대 그룹서 3년간 15조 챙겨
>
> 삼성전자 사상 최대 배당에 '외국인 잔치'

배당과 관련한 몇몇 신문기사의 제목이다. 사상 최대의 배당을 했다는 삼성전자가 얼마나 거하게 잔치를 했는지 들여다보자. 한 신문 기사를 요약하면 이렇다.

*2017년 삼성전자는 약 5조 8,000억 원의 현금 배당을 했다. 그래서 전체 배당의 절반 이상을 가져가는 외국인들이 배당 잔치를 벌이게 되었다. 이건희 회장도 삼성전자에서만 무려 2,124억 원을 배당받았다.*

이 기사를 쓴 기자는 독자들이 이런 감정을 느끼기를 바랐던 것 같다. '우리나라 기업이 번 돈의 절반을 외국인이 가져간다고? 국부 유출 아냐? 그런데 이건희 회장도 그렇게 많은 돈을 벌었어? 배 아프다.' 처음 있는 일이 아니다. 배당 시즌만 되면 마치 사악한 외국인들이 강압적으로 우리 기업들로부터 돈을 빼앗아가는 것처럼 표현하는 기사가 많이 등장한다. 여기에 재벌 총수 일가의 주머니로 들어가는 돈도 친절하게 알려줌으로써 박탈감을 느끼게 한다.

**시중은행 금리보다
낮은 배당금에 배당 잔치라니?**

5조 8,000억 원. 엄청난 금액인 건 맞다. 그런데 이 금액은 배당되는 돈의 총액이다. 사상 최대라는 이 배당금을 주식 수로 나누면 고작 4만 2,500원밖에 되지 않는다. 2017년 말에 약 250만 원을 들여 삼성전자 주식 1주를 샀다고 가정했을 때 받는 배당금이 4만 2,500원이라는 말이다. 시가배당률(주당 배당금을 시가로 나눈 비율)로 환산하면 1.7퍼센트다. 2016년 삼성전자의 시가배당률도 1.58퍼센트였다. 이자로 치면 당시의 기준금리 1.25퍼센트보다 조금 높았고 시중은행의 적금 금리보다 낮았다. 이걸 갖고 배당 잔치라고 할 수 있을까?

삼성전자만 그런 것은 아니다. 배당금 중 절반을 외국인이 가져간다고, 국부가 유출된다고 난리들을 치는데 눈속임에 가까운 기사들이다. 국부 유출이라니, 그들은 투자를 한 후 정당한 대가를 받아가는 것이다. 오히려 자본을 투자함으로써 우리 기업이 이윤을 내는 데 일조했다고 볼 수 있다. 만약 그들에게 제대로 배당을 하지 않으면 어떤 일이 벌어질까? 그 즉시 외국 자본이 빠져나가서 큰일이라는 기사로 지면이 도배될 것이다.

2017년 코스피에 상장된 745개 기업 중 현금 배당을 실시한 곳은 537개사였다(12월 결산법인 기준). 이들 기업의 평균 시가배당률은 1.86퍼센트였다. 100만 원을 투자했다면 배당으로 1만 8,600원을 받았다는 말이다. 그나마 세금을 제하고 나면 더 줄어든다.

나머지 돈들은 어떻게 되었을까? 사내유보금이라는 이름으로 쌓여 있다. 30대 대기업의 사내유보금만도 800조 원이 훌쩍 넘는다. 사상 최대 배당을 했다는 삼성전자의 유보율은 2017년 기준 무려 2만 4,536퍼센트에 이른다. 대기업만의 문제는 아니다. 대기업에 비해 돈의 액수가 적어서 그렇지 시가배당률, 배당 성향, 유보율 등은 많은 상장사들의 공통점이기도 하다.

## 주식은 시세차익만 고려하는 골동품이 아니다

기업은 자본을 투자해 돈을 버는 곳이다. 더 많은 자금으로 더 많은 이윤을 창출하기 위해 상장이라는 제도를 통해 자본을 끌어모았다. 그런데 돈을 쌓아두고만 있다고? 그건 이상한 일이다. 물론 버는 족족 배당하라는 건 아니다. 처한 상황, 속한 업종에 따라 다를 수 있다. 새로운 사업이고 성장 가능성이 높은 기업이라면 배당을 줄이고 투자를 높일 수 있다. 성공적인 투자를 한다면 기업가치가 상승하고 따라서 주당 순자산가치 역시 높아진다. 그런데 성장 속도를 높일 수 있는 기업도, 안정기에 접어든 기업도 배당은 똑같이 쥐꼬리만큼 한다. 사업 기회가 왔을 때 필요한 자금이라거나 어려워질 때를 대비해 자본을 비축해둬야 한다는 핑계를 대지만 실제로는 아까워하는 것 같다. 기업에 쌓아두면 이렇게 저렇게 해서 '합법적으로' 빼돌릴 수도 있는데 배당을 해버리면 그렇게 못한다고 생각하는지도 모른다.

외국이라고 기업에 닥칠 위기가 전혀 없겠는가?

미국의 AT&T라는 통신사는 1980년대부터 배당금을 늘리고 있다. AT&T는 연간 네 차례 배당을 하는데 배당률이 6퍼센트가 넘는다. S&P500 지수를 구성하는 500개 기업 중 25년간 배당금을 늘려온 기업의 수가 10퍼센트에 이른다고 한다.

새로운 사업 기회가 있다면 왜 그것을 발표하지 않는가? 투자할 곳이 마땅치 않다면 경영자 스스로 자신의 무능력을 인정하는 것밖에 되지 않는다. 자본은 있지만 그것으로 이윤을 창출할 능력이 없다는 게 아니겠는가.

'주주들의 자본금 덕분에 사업을 확장할 수 있었고 그 자본을 바탕으로 지금도 기업을 운영하고 있으니 주주들과 기업의 이익을 공유해야 한다.' 이렇게 생각하는 대주주는 많지 않은 것 같다. 더불어 배당을 적극적으로 요구하는 개인투자자들도 거의 없는 것 같다.

개인투자자들은 투자 금액이 많지 않다. 1,000만~5,000만 원이 가장 많다고 한다. 1퍼센트든 2퍼센트든 유의미한 차이가 아니어서인지 배당에 크게 신경 쓰지 않는다. 이러나저러나 몇 푼 안 되는 배당 받자고 투자하는 사람은 많지 않다는 말이다. 그들 대부분은 주가가 크게 상승해야 큰돈을 만질 수 있다고 생각한다. 그러나 현실은 그 생각만큼 녹록치 않은 모양이다. 금융투자협회가 펀드, 주식 등 원금손실이 생길 수 있는 금융상품에 투자한 2,399명을 대상으로 조사한 결과 이들의 2016년 평균 수익률은 1.15퍼센트였다.

나는 배당성향이 30퍼센트는 되어야 한다고 생각한다. 그러면 실적이 나쁘지 않은 기업의 주가가 수급에 따라 하염없이 하락하는 것을 어느 정도는 막아줄 것이다. 주가가 하락할수록 배당수익률은 높아지기 때문이다. 또한 개인투자자들의 고질병인 단기투자도 많이 완화될 거라 생각한다.

주식은 골동품이 아니다. 소장하고 있다가 내가 산 가격보다 높은 가격을 제시하는 사람에게 파는 것이 아니라는 말이다. 시세차익만으로 투자의 결실을 보라고 하는 것은 주식을 골동품 취급하는 것이다.

# 이상한 담합,
# 불합리한 벌금

동일한 제품을 생산해서 경쟁관계에 있는 두 기업이 있다. 이들은 이윤 창출과 생존을 위해 기술개발 경쟁, 가격 경쟁, 마케팅 경쟁 등을 벌인다. 그 결과 품질은 향상되고 가격은 하락한다. 이것이 우리가 학교에서 배운 시장경제의 원리다. 경쟁하는 기업들은 힘들지만 소비자들은 낮은 가격에 질 좋은 재화를 구매할 수 있다는 것이다.

이렇게 힘든 경쟁에서 벗어나 사이좋게 더 많은 이익을 낼 수 있는 방법이 '담합'이다. 사업자가 협약, 협정, 의결 또는 어떠한 방법으로 다른 사업자와 서로 짜고 물건의 가격이나 생산량 등을 조정하는 방법으로 제3의 업체에 대해 부당하게 경쟁을 제한하거나, 이를 통해 부당한 이익을 챙기는 행위를 말한다. 말이 길지만 핵심은 '부당한 이익'이다.

면세점들이 담합을 했다가 적발된 사건이 있었다. 영업담당 자들끼리 미리 연락해 마진이 적은 전자제품을 할인행사에서 빼기로 말을 맞췄다고 한다. 이를 통해 얻은 부당이득의 총합은 8억여 원. 이 달콤한 부당이득이 신문 사회면에 담합을 주제로 한 사건이 사라지지 않는 이유다. '안타깝게도' 들키는 바람에 공정거래위원회로부터 18억 원의 과징금을 부과 받았다. 결과 적으로 손해를 본 것이다.

## 손해 보는 담합?

그런데 우리가 책에서 배우지 못한 희한한 담합도 있다. 이익을 취하지 않고 자발적으로 부당한 손해를 보는 담합이다. 당신이 모니터를 생산하는 기업을 경영하고 있다고 가정하자. 생산 규 모도 꽤 커서 수출도 하고 있다. 경쟁관계에 있는 다른 업체도 있는데, 당신의 기업은 40퍼센트의 시장점유율을 보이고 있고 다른 경쟁업체가 30퍼센트를, 여타 업체들이 나머지 30퍼센트 를 차지하고 있다. 이런 상황이라면 규모의 경제를 이용해 제품 을 더 싸게 공급할 수 있는 여지가 있다.

그런데 문득 이런 결심을 한다. '앞으로 수도권에서는 우리 물건을 팔지 않겠다.' 대한민국 인구의 절반이 사는 수도권인데 이 시장을 포기하기로 한 것이다. 가능한 이야기일까? 상식적으로는 절대 말이 안 되지만 실제로 그런 일이 일어났다. 점유율 1위 기업이 2위 기업에게 수도권 시장을 양보하고 대신 2위 기업은 다른 지방에서는 판매를 중단하기로 한 것이다. 그러면서 1위 기업의 공장에 문제가 생겼을 때 2위 기업이 대신 제품을 생산해주기도 했다.

어떻게 이런 일이 가능할까? 내막을 알면 이 황당한 담합이 이해가 된다. 상장되어 있는 1위 기업의 대주주이자 경영자의 지분은 25퍼센트이고, 상장되지 않은 2위 기업의 대주주이자 경영자의 지분은 90퍼센트이다. 그리고 비밀이 밝혀진다. 두 기업의 대주주이자 경영자는 동일인이었다. 혼자서 왼손과 오른손을 맞잡고 담합한 것인데 이로 인해 두 회사는 수백억 원의 과징금을 부과 받았다. 하지만 과징금은 대주주 개인이 아니라 기업이 부담했다.

## 재벌 기업 자회사의
## 땅 짚고 헤엄치기

먼저 간단한 비상식 하나를 짚고 넘어가자. 1위 기업은 수도권으로 영업망을 확장할 수 있는데도 하지 않았다. 수익을 더 낼 수 있었는데도 하지 않았으니 이 기업에 투자한 주주들은 손해를 본 것이나 다름없다. 담합을 통해 이득을 본 사람은 대주주 한 명밖에 없다. 그런데 과징금은 기업에서 나간다. 주주들은 두 번 손해를 입은 것이다. 그런데도 주주들은 여기에 대항할 방법이 없다.

더 근본적인 문제는 엄연히 경쟁관계에 있는 두 기업을 한 사람이 다수의 지분을 갖고 경영해도 합법이라는 것이다. 상식적인 차원에서 생각해보기 위해 다시 동업하는 식당으로 가보자. 이 식당은 삼겹살을 판다. 당신이 오랜만에 갔더니 친구가 바로 옆에 삼겹살을 파는 또 다른 식당을 개업했다. 지분은 친구가 90퍼센트를, 나머지 10퍼센트는 공동 투자한 식당이 가지고 있다. 그리고 '우리 식당'에서는 길 건너편에서 오는 손님은 받지 않는다. 친구를 만났더니 얼마 전 담합으로 과징금을 맞았다며 '우리' 몫으로 돌아올 수 있었던 돈으로 과징금을 낸다고 한다. 주주들의 수가 워낙 많고 지분관계가 복잡하게 얽혀 있어서 그렇지 단순화해서 살펴보면 지극히 비상식적인 일이다(이게 상식적으로 여겨진다면 그만 책을 덮어야 한다).

또 다른 비상식을 보자. 어느 날 당신이 매출과 매입전표를 보니 삼겹살의 공급업체가 바뀌었고 단가도 올라갔다. 전체적인 삼겹살 값이 올랐나 했는데 그것도 아니었다. 알고 보니 친구의 아들이 삼겹살 공급업체를 차린 것이었다(이게 상식적이라고 여겨진다면 당신과 동업하고 싶은 사람들이 줄을 설 것이다).

식당 하나에 삼겹살 납품해서 얼마나 남겠느냐고 생각할 수 있지만 어디까지나 이해를 돕기 위한 비유일 뿐이고 현실 세계에서는 엄청난 규모다. 이른바 '일감 몰아주기' 혹은 '부당지원'으로 불리는데, 공정거래법상 내부거래의 규제 대상은 총수 일가의 지분이 상장사는 30퍼센트, 비상장사는 20퍼센트 이상인 재벌 계열사로 하고 있다(중소기업은 50퍼센트까지 허용된다). 규제 대상인 계열사는 약 90여 곳인데 이들 기업의 내부거래 규모는 2017년에만 7조 9,183억 원이었다.

상장사 지분율을 20퍼센트로 낮춰야 한다는 말이 나오기도 하는데 실행된다고 해도 여전히 불만이다. 효율성을 위해 자회사를 만들 수 있지만 그 자회사의 대주주는 왜 늘 대주주 일가여야만 하는가. 대부분 이미 만들어진 시장의 지분을 떼어주는, 그래서 땅 짚고 헤엄치면서 이익을 내는 자회사의 경영은 왜 늘 대주주 일가가 하는가. 기업의 경영권을 물려줄 만큼 유능하다면 왜 늘 그렇게 쉬운 일만 맡기는가. 주주들에게 돌아가야 할 이익을 갈취하거나 편법적으로 상속하는 것이라는 사실을 뻔히 알면서 왜 그대로 두고 있는가.

경영자는 기업의 이익을 위해 최선을 다할 의무가 있다. 또한 그 이익을 주주들에게 공평하고 공정하게 나눠줄 의무가 있다. 그것이 상식이다. 해서는 안 되지만 기업이 이익을 보는 담합을 했다면 기업이라는 법인이 벌금을 내는 것이 맞다. 그러나 '손해 보는 담합'처럼 그것이 대주주 개인의 이익에 부합하는 담합이었다면 그 벌금은 대주주 개인이 물어야 한다. 결정도 경영자이자 대주주가 하고, 이익도 그가 보는데 과징금을 왜 애먼 주주들이 공동으로 부담해야 하는가.

땅 짚고 헤엄치는 자회사를 통한 상속은 너무 쉽다. 상장만 하면 최초 투자금의 수십 배를 쉽게 벌어들인다. 그 이익은 전부 대주주와 그 일가를 제외한 나머지 투자자의 것이다.

인간은 자기 이익에 충실하다. 그 이익을 위해 불법도 감행하는 것이 인간이다. 그러니 도덕심에 호소하는 것은 한계가 분명하다. 결국 답은 상식에 부합하는 엄정한 제도에 있다.

# 자사주로 부리는
# 마법

1억 원을 빳빳한 새 지폐로 인출한다. 통장에는 연리 2퍼센트의 복리가 붙는 100만 원만 남았다. 인출한 돈은 금고에 넣어둔다. 오래오래, 장기적으로 넣어둔다. 한 36년쯤 지나서 금고를 열고 은행에 다시 입금한다. 실질가치는 달라지겠지만 1억 원은 똑같은 1억 원이다. 반면 통장에 있던 100만 원은 200만 원이된다.

금고 안에 있었던 돈은 일을 하지 않았다. 돈은 투자라는 형식의 일을 해야 돈을 번다. 돌고 돌아야만 돈을 만드는 것이 돈이다. 이런 돈을 모아주면 보다 높은 수익이 나게끔 효과적으로 일을 시키겠다는 것이 기업의 상장이다. 기업 상장의 1차적인 목적은 자금 조달이고, 자금 조달의 목적은 사업을 위한 투자다.


## 기업이 자사주를
## 매입하는 이유

그런 기업이 돈을 쌓아두고 있다면 기업의 본질과 맞지 않다. 앞서 말한 유보금이 대표적인 사례인데, 자사주 역시 비슷한 경우라고 볼 수 있다. 수익을 낸 기업이 벌어들인 돈을 주주들에게 나눠주거나 사업에 재투자하지 않고 자기 주식을 사들인다는 것은 주식회사의 본질을 봤을 때 모순이다. 돈이 묶여 있기 때문이다.

물론 많은 기업이 자사주를 보유하고 있다. 그리고 자사주는 일정 부분 순기능도 있다. 기업의 가치에 비해 주가가 과도하게 하락할 때 자사주를 매입함으로써 주가 하락을 막을 수 있고, 반대로 매입해둔 자사주를 매각함으로써 주가의 과도한 상승을 막을 수도 있다. 주가가 올라가면 좋은 거 아니냐고 할 수 있지만 기업가치보다 높은 주가는 반드시 제자리를 찾아가게 마련이다. 그러면 높은 가격에 산 새로운 주주들이 손실을 보게 된다. 또한 자사주에는 배당을 하지 않으니 동일한 배당성향이라도 주주들에게 더 많은 배당금이 돌아간다. 자사주로 갖고 있던 자금은 필요할 때 사용할 수도 있다.

2017년 초, 나는 한 기업에 자사주 매입을 제안하기도 했다. 해당 기업은 5,000억 원의 유보자금을 2퍼센트대 금리를 주는 상품에 묶어놓고 있었다. 그런데 이 기업의 배당수익률은 4퍼센트가 넘었다. 그 돈으로 자사주를 산다면 2퍼센트의 차익이 생길 것이고, 이 자사주에는 배당하지 않으니 주주들에게 더 많은 이익이 돌아가게 된다. 이렇게 성장성은 적지만 안정적으로 운영되는 기업의 경우에는 자사주가 유용하게 쓰일 수 있다.

하지만 언제나 그렇듯, 잘 쓰면 좋은 것을 악용하는 사람이 있다. 업력이 70년이 넘고 상장한 지도 20년이 넘은 어떤 기업은 자사주를 60퍼센트 가까이 갖고 있다. 직접 투자한 기업이 아니라 자세한 내막은 모르지만 자발적인 상장폐지를 준비하고 있다고 한다. 지분이 95퍼센트가 넘으면 상장을 폐지할 수 있는데 그 기업의 경우 대주주의 지분과 자사주를 합치면 거의 90퍼센트에 육박한다. 하지만 누차 강조했듯 기업의 모든 자산은 주주들의 공동 재산이다. 따라서 자사주 매입도 주주들의 이익에 부합해야 한다. 자사주를 매입하는 방식으로 상장을 폐지하면 결국 공동 재산으로 매입한 자사주가 대주주의 것이 된다.

"주주들이 비싼 가격에 팔 수 있으면 되는 거 아니냐"라는 주장도 가능하긴 하다. 주식회사의 정의와 약속에 어긋나지만 주주들이 충분한 시세차익을 남길 수 있다면 누이 좋고 매부 좋은 일이 아니냐고 할 수 있다. 그런데 이렇게 비정상적으로 많은 자사주를 보유한 기업의 대주주가 누이 좋고 매부 좋은 일을 할 거라고 기대하기는 어렵다. 아니나 다를까. 이 기업의 PBR(주가순자산배율)은 1이 되지 않는다. 1퍼센트대로 주던 배당수익률은 2016년 들어 0.5퍼센트 수준으로 내려앉았다. 배당성향은 2퍼센트를 겨우 넘는다. 100만 원을 벌어 2만 원을 주주들에게 나눠준 것이다. 매년 수백억 원의 영업이익을 내는 기업인데 대주주가 이런 짓을 하고 있다. 나머지 5퍼센트의 주주들이 지쳐 나가떨어질 때까지 기다리는 게 아닌지 의심스럽다.

## 대주주는 어떻게 자사주를 통해
## 마법을 부리는가

자사주를 통해 마법을 부리는 대주주도 있다. 지주사라는 주문을 외면 마법이 시작된다. 애초 지주사가 도입된 취지는 기업의 지배구조를 개선하기 위해서였다. 지금은 지주사를 장려하기 위해 세금 납부를 연기해주는 혜택까지 부여하고 있다. 2011년부터 2015년까지 지주사로 전환하면서 납부를 연기해준 양도소득세 금액만 7,800억 원이 넘는다.

　이렇게 세금 혜택을 받으면서 지분까지 늘릴 수 있다. 지주회사와 사업회사로 나누면서 자사주를 신주로 배정받으면 지분이

곱절로 늘어나면서 동시에 잠자고 있던 의결권이 되살아난다. 자사주의 마법이 완성되는 것이다. 대주주의 의결권이 커진다는 건 곧 소액주주들의 의결권이 약해진다는 뜻이다. 한때 주주 모두의 공동 재산이던 자사주가 희한하게 대주주의 이익에 복무(!)하게 되는 것이다. 이런 편법을 막는 법이 국회에서 발의되었다고는 하는데 쉽게 자리 잡을 수 있을 것 같지는 않다.

말이 나온 김에 한마디 덧붙이자면 모든 투자자가 관심을 갖고 어떤 방식으로든 주주로서의 의견을 표명해야 한다. '권리 위에 잠자는 자는 보호받지 못한다'는 말처럼 주주의 당연한 권리를 제 스스로 주장하지 않으면 어느 누구도 챙겨주지 않는다.

나는 자사주의 비율이 10~20퍼센트가 적당하다고 생각한다. 비율보다 중요한 것은 모든 결정이 주주 전체에게 이익이 가는 방식으로 집행되어야 한다는 것이다. 어떤 기업의 대주주가 20퍼센트의 지분을 갖고 있다고 치자. 적은 지분은 아니지만 경영권을 확실하게 방어하기에는 부족하다. 그래서 야금야금 기업의 이익으로 자사주를 사서 그 비율을 50퍼센트까지 높였다고 하자. 그러면 의결권이 있는 주식은 50퍼센트밖에 되지 않는다. 그 결과 대주주의 실질적인 의결권은 40퍼센트로 뛰게 된다.

이렇게 주식회사의 약속을 어기는 방식으로 의결권을 높인 대주주가 주주들의 이익에 관심 있을 리 없다. 기업을 지키기 위한 순수한 마음으로 자사주를 사들여 의결권을 높인 후 소액주주들과 이익을 공유하는 대주주도 있겠지만 그보다는 강화된 의결권을 제 뜻대로 마음껏 휘두르는 대주주가 더 많다.

2018년 미국의 애플사는 1,000억 달러어치 자사주를 매입해 소각했다. 어마어마한 금액이다. 이렇게 기업의 곳간을 비웠다가 새로운 사업 기회를 발견하면 어떻게 대처할까? 그럴 때는 증자를 하면 된다. 여기에서 우리나라 기업들과의 결정적 차이점을 발견할 수 있다. 우리나라 기업이 증자를 한다는 공시가 발표되면 주가가 하락한다. 투자자들이 경영자를 믿지 못하기 때문이다. 하지만 미국은 다르다. 우리와 달리 증자가 쉽다. 우리나라 투자자들의 불신은 어디에서 비롯된 것일까. 나는 대주주이자 경영자가 불신을 초래한 것이라고 생각한다. 증자를 한 기업들이 의욕적으로 새로운 사업에 뛰어들어 성과를 냈다면 지금과는 다른 문화가 만들어졌을 것이다.

사실 미국과 같이 경영자와 투자자 간에 신뢰관계가 구축되기를 바란다는 건 언감생심이다. 그저 자사주를 대주주 개인의 이익을 위해 쓰지 않기를 바라는 것이다.

모든 제도에는 허점이 있다. 비상식적인 방법으로 자신의 이익을 챙기려는 사람들은 참으로 성실하게 허점과 이를 이용할 방법을 찾아낸다. 그 성실함의 주역은 기업으로부터 월급을 받는 똑똑한 사람들이다. 그 똑똑한 사람들이 대주주 개인이 아닌 기업의 이익을 위해 일한다면 얼마나 좋을까. 내 바람과 상관없이 그들은 꾸준히 성실할 것이다. 그러니 제도적인 보완 역시 부지런하고 성실하게 이뤄져야 한다. 소 잃고 외양간 고치는 식이어서는 안 된다.

3장

# 주식회사를 위한
# 제안

# 거수기 사외이사는
## 필요없다

매년 그랬듯 2017년에도 사외이사는 거수기 노릇만 했다. 전자
공시시스템에 제출된 사업보고서에 따르면 시가총액 상위 100
대 기업이 이사회에 올린 3,178건의 안건 중 사외이사가 반대의
사를 표시한 안건은 5건에 불과했다. 도덕적인 비난이 소용없는
줄 알지만, 참 염치도 없다. 아마 다른 상장사도 사정은 크게 다
르지 않을 거라고 생각한다. 대주주와 경영자가 동의어로 쓰이
는 우리나라에서 절대 다수의 대주주는 자기 말에 무조건 찬
성해줄 사람을 사외이사로 선임할 것이기 때문이다.

2016년 5대 그룹 상장사의 사외이사들은 연간 9번 정도 이
사회에 참석해 평균 3건의 안건을 처리했다고 한다. 우리나라

월급쟁이들의 평균 연봉은 3,000만 원이 조금 넘고, 이들 중 천만 명 이상이 3,000만 원이 채 되지 않는 연봉을 받는다. 330만 명은 3,000만 원에서 5,000만 원 사이다. 연봉이 5,000만 원이 안 되는 사람이 전체 직장인 중 75퍼센트를 넘는다. 그런데 5대 재벌 기업의 사외이사들은 1년에 9번 출근해 대략 3건의 안건을 처리하면서 평균 6,400만 원의 연봉을 받아간다.

3건의 안건을 처리하기 위해 하루 8시간 일한다고 해도 일당 700만 원 이상이다. 시가총액 상위 100위 상장기업의 사외이사 평균 연봉도 4,000만 원이 넘는다고 한다. 연간 9일 일하고 상위 10퍼센트의 연봉을 챙겨가니 여기가 바로 신의 직장 아닌가.

어떤 제안에 반대하려면 그것을 뒤집는 논리가 있어야 한다. 반면 찬성은 쉽다. "참 좋은 의견이다!"라는 한 마디면 충분하다. 유치원생이라도 할 수 있는 일을 하고 직장인 평균치를 훌쩍 넘는 연봉을 받아간다니 참 이상하다.


## 생선가게를 맡은 고양이를
## 감시하는 친구 고양이

사외이사의 본분은 감시와 견제 그리고 반대다. 이사회에 상정된 안건이 기업이 아닌 대주주의 이익을 위한 것은 아닌지 감시해야 하고, 기업에는 이익이 되지만 사회에 해악이 되는 건 아닌지 견제해야 한다. 또한 불합리하거나 부족한 안건에 대해 반대 의견을 제시함으로써 더 좋은 안을 낼 수 있도록 유도해야 한다. 그러라고 기업이 주주들의 공동 재산에서 갹출해 월급을 주는 것이다.

애초 감시와 견제를 당할 사람이 감시와 견제를 실행할 사람을 뽑도록 하는 것 자체가 말이 안 된다. 생선가게를 맡은 고양이를 감시하라고 친구 고양이를 고용하는 꼴이다. 겉보기에는 주주들의 투표에 따르는 지극히 민주적인 의사결정인 것처럼 보이지만 실상이 그렇지 않다는 걸 누구나 안다. 1주 1표라는 방식으로 투표하면 이런 현상이 나타난다는 걸 몰랐을 리 없다. 그런데도 이런 제도가 계속 유지되는 이유를 나는 정말 모르겠다.

대주주와 경영자가 다를 때는 좀 더 면밀한 논의가 필요하겠지만, 대주주와 경영자가 같은 사람일 경우에는 대주주의 이사 선임 의결권을 제한해야 한다. 과격한 결정이 아니다. 경영진의 전횡을 막으라고 적지 않은 연봉으로 고용한 사외이사가 제 역할을 하지 못한다면 차라리 없는 편이 낫다. 굳이 월급까지 줘가면서 고용할 필요는 전혀 없다.

대주주가 일방적으로 선임하는 이사도 그렇지만, 감사 선임 시 대주주의 의결권을 3퍼센트로 제한하는 것 역시 눈 가리고 아웅 하는 식이다. 아니 의결권을 전혀 주지 않더라도 상황은 지금과 별반 다르지 않을 것이다. 어차피 대주주가 뽑은 사람들 중 한 명이 감사가 되기 때문이다.

나는 초등학교 1학년 교실에 가서 물어보고 싶다. "감시당할 사람이 감시할 사람을 선택하는 게 말이 되나요?"

초등학생은 물론 지나가는 강아지가 들어도 웃을 일이다. 그런데 이런 웃기는 제도가 20년 가까이 유지되고 있다.


## 사외이사의
## 자격 조건

이쯤에서 생각해봐야 할 점이 있다. 대주주가 자기만의 이익을 위해 노심초사한다고 해서 세상 물정을 모를 리 없다. 그렇다면 그저 찬성만 하면 되는, 지극히 수준 낮은 업무를 수행하는 사람들에게 왜 그렇게 많은 연봉을 주는 걸까? 1년에 9번 열리는 이사회에 참석해 손만 들면 되는 일이라면 일당을 30만 원만 준다고 해도 서로 하겠다고 줄을 설 텐데 말이다. 모르긴 몰라도 직장인이라면 월차를 내고서라도 30만 원을 벌어가려고 할 것이다. 그래도 직함이 이사니 대외적으로 체면을 구기지 않을 정도의 사회적 지위가 있는 사람이어야 하기 때문인 걸까?

그냥 친한 사람에게 내 돈이 아닌 돈으로 인심을 쓰는 경우가 없지는 않을 것이다. 하지만 실제로 사외이사를 하는 사람들을 보면 그것도 아닌 듯싶다. 2017년 5대 그룹 상장사가 선임한 사외이사는 모두 98명으로 전·현직 대학 교수가 46명, 관료 출신이 34명이다. 관료 출신들의 전직은 장관, 차관, 판사, 검사, 국세청, 공정거래위원회 등이다. 전방위적으로 인맥이 넓은 대학 교수를 비롯해 행정과 사법부 등에 직접적인 인맥이 있는 관료들이 그렇게 많은 연봉을 받으면서 하는 일을 나는 절대로 알지 못한다. 왜 대주주들이 그저 찬성표만 던질 뿐인 그들을 사외이사로 선임하는 걸까?

기업은 사람들의 생활을 풍요롭고 윤택하게 하는 재화를 제공한다. 우리에게 풍요롭고 안락한 생활을 제공하는 기업은 이윤을 내고 성장하는 반면 그렇지 못한 기업은 퇴보한다. 이것이 내가 기업을 바라보는 기본적인 시각이다. 그런 면에서 볼 때 기업은 과도하게 이익을 내서는 안 된다. 적정하다는 말이 애매하기는 해도 적정한 가격에 재화를 제공하고 적정한 이익을 취해야 한다. 그래야만 사람들에게 제대로 된 풍요와 윤택함을 제공하려고 지속적으로 노력하게 된다. 풍요와 윤택함을 제공하는 과정 역시 공정해야 한다. 내가 투자한 기업이 부당한 방법으로 이익을 냈다면 그 수익을 내게 돌려준다고 해도 달갑지 않다. 이 모든 과정에 사외이사의 역할이 함께한다.

사외이사, 즉 감시자가 되려면 해당 기업과 업종의 특성은 물론 주식회사의 일반적인 구조도 잘 알고 있어야 한다. 노벨물리

학상을 받은 과학자를 생물학 강의실에 데려다 놓으면 인사 말고는 할 수 있는 게 없다. 이를 고려한다면 이사회 구성 중 사외이사의 비율은 최소 25퍼센트 이상이어야 한다고 생각한다. 현재 실질적인 수치는 25퍼센트 정도로 추정되는데 수적으로 열세인, 거기에 외부인이라는 불리한 조건으로 기업의 의사결정을 제대로 견제하기란 쉽지 않다.

그래서 더더욱 전문가가 사외이사가 되어야 한다.

또한 대주주의 입김에서 자유로운 사람이어야 한다. 통제권을 쥐고 있는 대주주로부터 소액주주들의 이익을 지켜줄 수 있는 사람이어야 한다는 얘기다. 그것이 바로 사외이사제도가 시행되는 진짜 이유다. 그렇다면 이 사외이사를 누구의 손으로 뽑아야 하는가. 감시를 받아야 할 대주주이자 경영자가 아닌 것은 확실하다.

# 주주들의 총회를
# 개최하라

지방선거부터 대통령선거까지 한국에선 2~3년마다 전 국민이 참여하는 선거가 열리고 그때마다 나는 매번 투표소를 찾는다. 미리 받은 정보로 후보를 선택했으니 선거 당일은 기표만 하면 된다. 투표소가 집 가까운 곳에 있으니 굳이 자동차를 탈 필요도 없다. 산책 나가듯 편안한 복장으로 잠깐만 걸어가면 손쉽게 투표를 할 수 있다. 필요한 게 있다면 투표를 하겠다는 마음 하나다.

　잠깐 황당한 상상을 해본다. 투표를 하기 위해 3시간 동안 운전을 해야 하고, 그도 모자라 주차장부터 산 중턱까지 1시간을 걸어야 한다면? 복장 규정도 엄격해 남자는 정장에 넥타이, 여자는 치마에 굽이 5센티미터 이상인 구두를 신어야 투표소에 입장할 수 있다면? 대통령과 국회의원을 뽑는 선거가 동시에 열리는데 두 투표소의 거리가 1시간 이상 걸린다면? 이런 황당한 상황이라면 투표율이 얼마나 될까? 국가는 국민들이 쉽게 투표할 수 있는 환경을 만들어줘야 한다. 그렇지 못하고 강한 의지로 최선을 다해야만 투표할 수 있는 환경이라면 그건 민주주의 선거가 아니다.


## 누구를 위한 주주총회인가

그런데 민주주의 정신에 어울리지 않는 선거가 그것도 '슈퍼'하게 열악한 환경에서 매년 열리고 있다. 매년 그래왔듯 2018년에도 '슈퍼 주총데이'가 있었다.

업종과 기업 규모가 다 다른데 어쩌면 그렇게 업무 처리 속도가 비슷한지 12월 결산법인은 3월을 불과 열흘 남겨두고 주주총회를 개최할 준비가 완료된다. 좀 부지런한 기업은 2월에도 할 법하고 처리할 게 많은 기업은 4월에도 할 법한데 실무자들이 어디 모여서 회의라도 하는지, 2018년에도 3월 23일 하루에만 539개사가 주총을 열었다. 금융위원회가 기업들의 주총 분산을 독려한 탓인지 2017년 슈퍼 주총데이에 비해 353개 기업이 줄었다고는 해도 여전히 슈퍼하다. 이렇듯 평일 아침에 동시다발적으로 열리는 주총의 속내는 뻔하다.

'몇 주 되지도 않으면서 주총에 와서 고함 치고 항의하면 피곤하기만 하다. 어차피 내 마음대로 할 건데 가능하면 조용했으면 좋겠다. 혹시라도 소액주주들의 표가 모이는 걸 눈으로 확인하면 다음부터는 더 적극적으로 결집할지 모른다.'

실제로 어떤 기업의 주총에서 항의하는 주주에게 몇 주나 들고 있는지 묻는 진행자도 있었다. 물론 그들 나름의 논리는 있을 것이다. '이 사람 저 사람이 하는 말을 다 들어주면서 어떻게 기업 경영을 하나. 기업은 모름지기 오너가 있어야 책임 경영을 할 수 있다. 주가가 오르면 다 팔고 나갈 거면서 웬 주인 행세냐? 끝까지 기업을 지킬 사람은 우리 대주주 일가다.'

사정을 모르는 사람이 들으면 동의할 수도 있겠다. 그러나 정말 그렇게 생각한다면 상장할 때 등 공식적인 자리에서 그렇게 말할 수 있어야 한다. 그러나 실제로 당당하게 저런 말을 하는 대주주는 없다.

한편으로 생각하면 자연스러운 일이다. 우리가 비상식적이라고 여기는 일 중에는, 실제로 그런 일을 하는 사람 입장에서는 '자연스러운' 일이 많다. 감시받는 걸 좋아하는 사람은 없다. 누구나 비난은 싫어하고 칭송은 좋아한다. 이익을 나누는 것보다 독식하는 걸 좋아한다. 뒷간이 그렇듯, 상장할 때의 마음과 이후의 마음은 다르다. 이런 인간의 마음이 어쩌다가 발현되는 것이라면 규제가 필요치 않을 것이다. 절도죄가 있는 것은 남의 물건을 탐내는 마음이 있기 때문이고 폭행죄가 있는 것은 말로 되지 않을 때 주먹을 휘두르고 싶은 본성이 있기 때문이다. 그러니 도덕에 기댄 비판보다는 자기 이익에만 충실하고 싶은 욕심을 가둘 울타리가 필요하다.

주주총회는 '주주에 의해 구성되는 주식회사 최고의 의사결정 기관'으로 정의된다. 따라서 의사결정에 참여할 주주들의 권리가 최대한 보장되어야 한다. 국가적인 선거에 비할 바는 아니지만 '최선과 강한 의지'가 있어야만 권리를 행사하는 여건이어서는 안 된다.


## 주주들의 의사를 최대한 반영하는
## 몇 가지 제안

주주총회를 간단히 개선할 수 있는 방법 중 하나가 전자투표 도입을 의무화하는 것이다. 예탁결제원에 따르면 2018년 3월 말 기준으로 전자투표를 도입한 기업은 코스피 360개 사, 코스닥 842개 사, 상장된 2,045개 사 중 59퍼센트에 해당하는 기업이 전자투표제를 도입하고 있다. 하지만 전자투표 이용 현황을 보면 전체의 38.1퍼센트밖에 되지 않는다. 주주들의 참여를 쉽게 한다는 취지인데 반대할 명분이 있는가. 이런 제도를 의무화하지 않고 선택 사항으로 남겨뒀다는 것 자체가 이상하다. 아직 가야 할 길이 멀다.

제도적으로 어떻게 해야 할지는 몰라도(이건 우리가 낸 세금으로 일하는 정부와 국회가 할 일이다) 주주총회를 휴일에 열고 그것을 생중계하면 주주총회와 관련된 대부분의 문제가 해결될 것이다.

1년에 한 번 열리는 정기 주주총회를 굳이 평일 아침에 할 이유가 없다. 담당자들에게는 조금 미안한 일이지만 1년에 한 번이니 휴일 출근을 못 할 것도 없다. 버크셔 해서웨이처럼 축제를 벌이자는 것도 아니다. 그저 월차를 내지 않아도 갈 수 있는 날로 하라는 것이다. 또 주주총회를 생중계하면 얼마나 좋겠는가. 혼자서도 방송을 하는 시대이니 기술적인 어려움은 전혀 없을 것이다.

현행 전자투표제는 주주총회 이전에 투표하도록 되어 있다. 기업의 미래를 결정짓는 '최고의 의사결정'을 하는 일인 만큼 설명과 토론을 들어보고 결정할 수 있어야 한다. 대주주에게 불리한 것만은 아니다. '민주적인 주식회사 경영'을 위한 제도들이 제안되면 늘 외국계 헤지펀드가 단기적인 이익을 위한 결정을 할 거라고 걱정들을 한다. 나는 우리 투자자들이 '배당성향을 100퍼센트로 하라'는 안건에는 반대표를 던질 거라고 생각한다.

그렇게 비합리적이지 않다는 말이다. 대주주이자 경영자의 제안이 합리적이라면 생중계를 보던 주주들이 거기에 표를 던질 것이다.

주주들이 어리석은 결정을 할지도 모른다고 걱정하는 사람에게는 대주주가 어리석은 결정을 할지도 모른다는 말을 되돌려 주겠다. 소액주주의 목소리가 커지면 합리적이고 효율적인 경영이 어렵다는 말에 대해서는 대주주 역시 비합리적이고 비효율적인 경영을 할 수 있다는 말을 되돌려 주겠다. 하나는 현실에서 아직 일어나지 않았고 하나는 현실에서 수없이 일어나고 있는 일이다.

견제 받지 않는 권력은 부패한다. 휴일에 하는 주주총회를 생중계하면서 전자투표제를 도입한다고 무슨 큰일이 일어나지도 않는다. 여전히 대부분의 권한은 대주주에게 있다. 그저 견제를, 감시를 좀 하겠다는 것뿐이다.

관행과 기존 제도에 비춰보면 과격한 제안으로 보일 수 있다. 이해관계를 떠난 위치에 있는 어느 대학 교수님의 걱정도 보이고 사실을 전한다는 기자의 염려도 보인다. 하지만 일일이 열거하고 반론하지 않겠다. '주주총회에서 주주들의 의사가 최대한 반영되도록 하는 것이 비상식적인가?'라는 질문을 하고 싶을 뿐이다.

# 상속에
# 집착하지 마라

PBR이 1 이하인 기업들이 있다. 주가를 1주당 순자산으로 나눈 값이 1 이하라는, 시가총액이 순자산보다 적은 기업이라는 뜻이다. 분모가 분자보다 크면 소수점 이하의 숫자가 되는 게 당연하니 별일 아닌 것 같다. 주식을 좀 아는 사람들 역시 '자산 대비 저평가되었다'는 논평을 덧붙이는 정도에서 그친다. 이상한 일을 일상적으로 보게 될 때 나타나는 부작용이다. 나 역시 비정상적인 상황을 아무렇지 않게 받아들이는 부작용을 어느 정도는 겪고 있다. 그러나 상식의 바탕 위에 놓고 곰곰이 생각해보면 PBR이 1 이하라는 건 참 한심한 일이다.

주식의 가격에는 이미 미래가 들어와 있다. 올해 적자를 면치 못하더라도, 심지어 몇 년간 적자를 낸 기업이라도 미래의 가능성을 보여준다면 주식시장은 기업이 가진 순자산보다 더 높은 가치를 매긴다. PBR 1 이하라는 숫자의 의미는 '자산 대비 저평가되었다'가 아니라 기업의 미래를 전혀 인정받지 못하고 있다는 것이다. 차라리 자산을 팔아버리는 것이 기업 활동을 유지하는 것보다 낫다는 얘기인데, 기업을 이 지경으로 이끌고 있는 사람도 지분만 많으면 '당당하게' 경영자 자리를 유지할 수 있다는 건 정말 상식과 거리가 멀다.

순자산보다 낮은 평가를 받는 기업의 경영자는 지분과 관계없이 자신의 무능을 인정하고 자리를 내놔야 한다. 나로서는 아이디어가 없지만 그런 경영을 하고서도 자리를 내놓지 않는 경영자를 제재할 방법이 있어야 한다. 이렇게 한 매듭을 지어놓고 본론으로 들어가야겠다.


## 무능한 경영자의
## 유능한 상속 처리

모두가 그렇다고 말할 수는 없다. 하지만 무능한 경영자들 중 상당수는 사실 대단히 유능한 사람들이다. 먼저 한 기업의 사례를 보자.

1970년 설립된 A사는 제지회사로 1996년 상장되었다. A사의 재무제표를 간단히 살펴보면 2012년 말 기준 매출액 1,132억 원, 영업이익 165억 원, 당기순이익 84억 원을 기록했고 자본금 110억 원에 자기자본이 1,018억 원인 알짜 중견기업이다. 특히 종업원이 104명에 불과해 노동생산성이 매우 좋은 회사로 평가된다.

그럼에도 A사의 시가총액은 2013년 2월 18일 현재 391억 원에 불과하다. 이나마도 2012년 8월 12일 시총 244억 원에서 약 60퍼센트 오른 것이다. A사의 2012년 실적 기준, PBR과 PER(주가수익비율)은 각각 0.39배와 4.7배로 매우 저평가되어 있다. 도대체 왜 이렇게 되었을까?

회사의 주가는 성장성과 수익성 외에 배당의 영향도 많이 받는다. 2006년에서 2011년까지 A사의 배당을 살펴보니, 2006년과 2007년에는 각각 액면가 5,000원 기준 20퍼센트를 배당한 반면 2008년부터 2011년까지는 2~5퍼센트의 저배당을 했다. 2008년과 2010년의 경우 순이익이 각각 7억 원, 11억 원 가량이었기에 이해가 된다. 하지만 2009년과 2011년은 각각 45억 원, 49억 원의 순이익을 기록했다. 저배당을 할 이유가 없는 것이다. 한편, 이 회사의 주가는 순이익이 60억~70억 원대를 기록하고 배당률도 높았던 2006년과 2007년에 급등해 2007년 8월에 3만 9,800원으로 사상 최고가를 기록했다.

시장에서 기업의 가치보다 낮게 평가되도록 하는 데는 상당한 노력과 치밀한 계획이 필요하다. 10년은 우습고 20~30년을 계획하고 차근차근 실행에 옮기는 '그 어려운 일'을 그들은 해내고야 만다. 외부의 어떤 비난에도 흔들리지 않고 자신의 길을 가는 뚝심도 있다.

기업의 가치를 보고 투자했던 사람들은 그들의 장기적인 계획과 뚝심에 속절없이 무너질 수밖에 없다. 주가가 적정 수준으로 가려고 하면 자사주로 방어한다. 언젠가는 제 가치를 인정받을 거라며 길게 보는 사람들도 쥐꼬리 배당에 지쳐 돌아선다. 그런 사람이 늘어날수록, 시장에 나쁜 소문이 돌면 돌수록 이토록 유능한 대주주의 계획은 조금씩 완성되어 간다.

계획의 목적은 저렴한 상속세를 물고 자식에게 지분을 넘겨주는 것이다. 언젠가 40대 후반의 경영자가 상속 문제로 고민하는 것을 본 적이 있다. 평균 수명을 감안할 때 그는 거의 30년의 '절세 계획'을 세울 수 있다. 그뿐인가. 절세 외에도 자식 사랑을 실천할 방법은 얼마든지 있다.

## 상속 경영을
## 중단하라

이렇듯 기업을 위한 경영이 아니라 상속을 위한 경영을 할 수 있는 것은 '상속 및 증여재산은 상속을 개시한 때의 시가에 따라 평가함을 원칙으로 한다'라고 명시된 상속증여세법 덕분이다. 몇 년 전 혹은 몇 년 후 시세를 기준으로 상속세를 물릴 수 없으므로 상속할 당시의 시세를 기준으로 삼는 것은 일면 합리적으로 보인다. 그러나 개인이 시세를 정할 수 없는 금이나 주택 등과 달리 주가는 대주주의 영향력이 상당하다. 자산의 가치를 스스로 정해 상속할 수 있다는 것은 상식에 부합하지 않는다. '합법적 탈세'를 가능하게 하는 이런 허점 때문에 투자자들은 손해를 보고 국가의 세수는 줄어드는 것이다.

물론 모든 대주주가 이런 전략을 쓰지는 못한다. 보통은 업력이 길고 업종의 성장성이 떨어지며 많은 토지와 설비를 갖춘 기업의 대주주가 쓰기 좋은 전략이다. 그래서 이들은 '성장성이 떨어지니까 시가총액이 순자산 이하로 형성되는 것'이라고 변명하곤 한다. 하지만 업종의 성장성이 떨어진다는 것이 곧 사양산업을 뜻하는 것은 절대 아니다. 이들 기업들은 성장성은 떨어지지만 매년 일정 수준의 이익을 낸다. 크게 성장하지는 못하지만 안정적인 기업이라는 뜻이다. 따라서 이익을 모아 새로운 사업에 진출할 게 아니라면 배당금을 많이 줘야 한다. 성장성도 없고 배당도 미세하게 책정하는 기업에서 투자자들이 얻을 이익은 없다. 그런 기업은 상장된 채 있어서는 안 된다.

나는 몇 년 전 칼럼을 통해 'PBR이 1 이하인 회사의 경우, 즉 시가총액이 순자산가액보다 낮은 경우 순자산가액을 상속증여세의 과세 표준으로 삼자'는 주장을 했다. 그 주장을 철회해야겠다.

투자는 미래를 예측하는 행위다. 예측의 근거는 누적된 과거의 결과물인 현재다. 따라서 정확한 현재를 아는 것은 중요하다. 물론 정확한 현재를 바탕으로 해도 예측은 틀릴 수 있다. 하지만 부정확한 현재를 근거로 하는 것보다는 나을 것이다. 주가의 등락을 맞추는 것만이 예측은 아니다.

사람의 인생이 그렇듯 기업도 과거에서 현재로 이어지는 방향성이 있다. 그 방향성을 바탕으로 미래의 흐름을 예측하는 것이다. 나는 예상한 흐름이 나타난다면 당장 주가가 떨어져도 기다리고, 반대로 주가가 올라도 흐름과 다르면 매도하는 방식으로 투자해왔다. 단순히 특정 시점의 주가 등락을 맞히는 거라면 그건 예측이 아니라 원숭이도 하는 '찍기'에 불과하다고 생각한다.

정확한 현재에 대한 데이터는 많다. 경영자의 말도 있고 재무제표에 나타나는 각종 수치도 있다. 그 중에는 순자산에 대한 평가도 있다. 지금은 대주주가 원할 때만 자산에 대해 재평가를 한다. 하지만 10년 전, 20년 전에 평가한 자산으로는 정확한 현재를 알 수 없다.

그래서 정기적이고 의무적인 자산재평가 제도를 제안한다. 그렇게 되면 투자자들은 보다 정확한 정보를 얻을 수 있고 상속을 위한 경영도 일정 부분 막을 수 있다. 대신 재평가에 따른 차액에 대한 세금은 조정해줄 필요가 있다. 일부에서는 "기업인들의 의욕을 꺾어 경제활동을 위축시킬 우려가 있다"고 말할 것이다. 하지만 주식회사라면 당연히 해야 할 '정확한 정보의 제공과 합당한 과세'로 경제활동이 위축된다면 능력 있는 기업인이라고 보기 어렵다. 설사 위축된다고 하더라도 상속을 위한 경영을 하는 것보다는 훨씬 나을 것이다.

# 공정 경쟁을 해치는 공매도를 폐지하라

2013년 A 종목의 공매도가 급증하기 시작한다. 적으면 1만 주 남짓, 많으면 10만 주 남짓이던 1일 공매도 수량이 20만 주, 50만 주를 넘어서더니 100만 주가 넘어가기도 한다. 우연히도 그 사이에 신주를 발행한다는 공시가 나온다. 그리고 신주 발행 이후에는 다시 우연히 공매도 수량이 예전 수준으로 돌아간다. 물론 공매도의 주체는 외국인과 기관이다.

공매도 급증과 신주발행이라는 '우연'은 외국인과 기관에게 대단한 행운이다. 어떤 기업이 신주발행 또는 CB, BW를 발행한다고 하자. 그러면 공매도를 통해 주가를 하락시킨다. 그러면 신주발행가액은 더 낮아진다. 일반적으로 20~30퍼센트 할인된 가격으로 신주를 발행하니까 공매도를 한 가격보다 압도적으로 낮은 가격으로 신주를 받고 그것으로 공매도한 주식을 상환한다. 해당 기업에 재앙적인 악재가 터지지 않는 한 이들은 편안하게 수십 퍼센트의 수익을 얻는 것이다. 외국인과 기관은 편안한 수익을 낼 수 있어서 좋고 주식을 빌려준 기관은 수수료를 벌어서 좋다. 다만 이들만 좋다는 것, 그리고 너무 자주 동일한 행운을 누리고 있다는 것이 문제다.


## 공매도, 누구에게는 행운
## 누구에게는 불운

그들이 누리는 행운의 크기는 누군가의 불운에 비례한다. 유상증자를 받은 기업의 대주주는 한동안 주가가 낮은 상태에 머물러도 별 고통이 없다. 주식을 빌려준 쪽은 당분간 주식을 팔 일이 없으므로(그래서 수수료를 벌기 위해 주식을 빌려준다고 한다) 이들 역시 손해 볼 일이 없다. 남은 투자자는 개인들이다. 개인투자자들은 기업의 가치보다 턱없이 낮은 주가를 보면서 고통을 받아야 한다. 더 긴 시간 기회비용을 지불해야 하고 사정이 생기면 눈물을 삼키고 매도해야 한다. 기관과 외국인의 행운은 개인들의 불운을 먹고 자란 것이다. 행운이나 불운은 본래 어쩌다가 벌어지는 일을 뜻한다. 자주 반복된다면 행운, 불운이 아니라 구조의 문제다.

사정을 모르는 사람들은 "그러면 개인도 공매도를 하면 될 것 아니냐"고 말할 것이다. 맞는 말이고 이게 상식의 발로에서 나오는 자연스러운 질문이다. 그러나 개인이 공매도를 한다는 건 거의 불가능하다. 개인은 증권사를 통해 주식을 빌려야 하는데, 공매도를 할 수 있는 종목과 수량이 한정되어 있을 뿐 아니라 이자 등 조달 비용도 크다. 축구 경기에서 한 팀에게만 골 에어리어 안에서 손을 쓸 수 있게 하는 것처럼 불공정하다.

공매도의 본래 취지는 시장의 유동성을 증대시켜 가격 안정을 확보하는 데 있다. 쉽게 말해 기업가치보다 주가가 지나치게 높아지는 것을 막는 것이다. 그러나 증권시장에서 공매도가 긍정적인 영향을 미치고 있다는 소식은 거의 들리지 않는다. 반면 부작용을 일으키는 사례는 부지기수다. 자본시장을 잘 돌아가게 하라고 도입한 제도가 오히려 역으로 작용하고 있는 것이다. 어떻게 하면 공매도가 본래의 취지대로 작동하게 할 것인가.

## 공매도가 순기능을
## 발휘하게 하려면

당장은 최소한 신주발행, CB, BW 발행 공시가 된 기업의 경우 그것이 완료될 때까지는 공매도 금지를 시행해야 한다. 여기에 어떤 반론이 가능할지 상상할 수 없다. 다만 "불공정하고 개인 투자자들에게 피해를 주고 있지만 기관과 외국인은 이익을 보고 있으므로 그냥 두자"라는 황당한 답변만 아니라면.

공매도로 인해 기업의 가치보다 주가가 낮아지는 현상을 막아야 한다. 그러자면 공매도의 영향력을 제한할 필요가 있다. 신주발행이 없더라도 거대한 자본을 가진 세력이 마음만 먹으면 얼마든지 주가를 망가뜨릴 수 있다. 특히 규모가 작은 기업을 흔들기는 더욱 쉽다. 따라서 유통 주식의 일부만 공매도가 가능하도록 그 비율을 확정해야 한다. 또한 상환 기간을 제한해야 한다. 공매도는 가격 안정을 위한 제도이므로 허용 범위를 좁히고 기간을 줄여도 충분히 그 역할을 할 것이다. 구체적인 범위와 기간은 증권시장을 잘 돌아가게 하라고 수수료와 세금으로 월급을 받는 분들이 제시할 일이다.

공매도의 부작용이 반복해서 나타나자 금융위원회도 몇 가지 대책을 내놨다. 2017년 9월부터 당일 거래 중 공매도의 비중이 코스피는 18퍼센트, 코스닥은 12퍼센트를 넘으면 공매도 과열 종목으로 지정하겠다고 발표했다. 이전에는 각각 20퍼센트와 15퍼센트였다. 규제 위반에 대한 과태료도 750만~1,500만 원이던 것을 4,500만~5,400만 원으로 늘렸다고 한다. 하지만 이 정도 조치로 공매도의 부작용을 막을 수 있을지는 의문이다. 부디 주가라는 숫자 뒤에 평범한 개인의 삶, 우리 이웃의 삶이 있다는 것을 "명심하기 바란다."

최근 국민연금이 주식대여를 중단하겠다고 발표했다. 2014년부터 2018년 상반기까지 국민연금의 주식대여 건수는 1만 6,421건, 금액으로는 974조 2,830억 원이었다. 그로 인해 받은 수수료는 716억 원이었다. 투자를 하라고 전문가들에게 맡겨뒀더니 대여를 해주는 어처구니없는 일을 벌인 것이다. 주식을 대여해주는 다른 기관들도 마찬가지다. 전문가라면 투자를 해야 한다.

사실 나는 공매도의 순기능을 잘 모르겠다. 나라면 폐지하는 쪽을 선택하겠다. 그게 안 된다면 개인들에게도 공매도를 할 수 있는 기회를 줘야 한다. 공정한 룰을 적용해도 개인은 외국인과 기관에 비해 힘이 부족하다. 진짜 공정하게 하려면 오히려 개인들이 더 유리하게 해야 한다. 더 약한 쪽에 가산점을 주는 것이 상식이다.

법과 제도는 세상을 더 합리적이고 합당하게 만드는 데 기여해야 한다. 법과 제도의 허점을 파고들어 부당한 이익을 챙기는 세력이 있다면 이를 보완해서 공정한 경쟁이 되도록 수정해야 한다. '기업에 자본을 제공하고 기업이 성장할 때 그만큼의 대가를 받는다'는 투자의 본질을 해치는 제도는 하루빨리 개선되어야 한다. 개인투자자들은 기관과 외국인의 현금인출기가 아니다. 도대체 무엇 때문에, 누구 때문에 이 불공정한 제도를 그대로 유지하고 있는지 궁금하다.

# 체제를
# 흔드는 범죄

주식투자는 보물찾기가 아니다. 영화 속 주인공은 지도 한 장을 들고 생사의 고비를 넘긴 끝에 엄청난 보물을 찾아내고야 만다. 하지만 기업에 대한 투자는 다르다. 저평가된 기업이 있을지언정 숨겨진 보물 같은 기업은 없다. 저평가된 기업 역시 그만한 이유가 있고 그것이 해결되려면 시간이 걸린다. 계속적으로 사업을 영위하면서 가치를 누적해가는 것이 기업이고 거기에 맞춰 자본을 투입하는 것이 주식투자다.

그러나 이런 상식을 잊은 투자자가 적지 않다. 보물찾기처럼 한 방을 바라는 것이다. 인천항에서 하염없이 바다를 바라봐도 배는 들어오지 않는다. 그렇게 항구에 앉아 배만 기다리는 사람은 스스로 누군가의 배가 될 가능성이 높다. 탐욕은 사기꾼의 토양이며, 탐욕에 휘둘리는 사람은 사기꾼의 먹잇감이다. 그래서 사기 사건에는 피해자이자 가해자인 사람이 많다. 이렇게 투자자 개인의 잘못도 있음을 일단 피력하고, 2010년에 발생해 2017년에 황당하게 마무리된 사건 하나를 말하려고 한다.

## 주가 조작,
## 자본주의 근간을 흔드는 범죄

2010년 12월 한 기업이 귀가 번쩍 뜨일 만한 희소식을 담은 보도자료를 배포한다. 외교부를 통한 발표였기 때문에 일반인들은 믿을 수밖에 없었다. 불과 보름 만에 3,000원대이던 주가가 5배 이상 뛰었다. 이후 내용이 엄청나게 부풀려졌다는 의혹이 제기되었고 2012년 1월 감사원이 그 의혹이 틀리지 않았음을 확인시켜 주었다. 하지만 주모자인 ○회장은 고점에서 이미 주식을 처분하고 해외로 도주한 뒤였다. 2014년 ○회장의 배임 혐의가 공시되었고 이 기업의 주식은 거래정지 처분이 내려졌다. 2015년 상장폐지되면서 300~400원에 정리되고 말았다.

2년 동안 도피 중이던 ○회장은 결국 자진 귀국해 재판을 받았다. 1심은 주가 조작 혐의에 대해서는 무죄, 신고·공시의무 및 외국환거래법 위반, 배임 혐의로 징역 1년 6월에 집행유예 2

년을 선고했다. 2심은 좀 달랐다. 주가 조작 혐의에 대해서도 유
죄로 판단해 징역 3년에 집행유예 5년을 선고했다. 그 뒤 대법
원 판결이 확정된 것이 2017년이다.

약 7년 동안의 일을 별일 아닌 듯 짧게 서술했지만 최고가였
던 1만 8,000원에 주식을 샀다가 300원에 정리했을 누군가를
생각하면 끔찍한 일이다. 1,000만 원을 투자했다가 16만 원이
손에 남았다면 그 심정이 어땠겠는가.

이 기업에 투자한 사람 중에는 ○회장 출신 지역 사람도 적
지 않았다고 한다. 그들을 포함한 상당수의 투자자들은 그저
뜬소문을 믿고 투자한 게 아니었다. 그저 주가가 오르니까 뭔가
있나 보다 하고 투자한 것도 아니었다. 외교부까지 끼어 있는 공
시를 보고 투자한 것이다. 이런 상황에서 투자자들에게 어떤 잘
못을 발견할 수 있을까. 외교부가 없었더라도 공시를 의심해야
한다면 무엇을 보고 투자해야 하는 것인가.

나는 법을 잘 모른다. 특히 형법에 대해서는 아는 게 별로 없
다. 그리고 전업투자자로서 주가 조작을 포함해 기업을 이용한
범죄에 대해 다른 사람보다 민감하다는 것을 솔직히 인정한다.
그렇다고 해도 최종 판결이 징역 3년이라는 점, 더구나 집행유
예 5년이라는 점은 납득이 가질 않는다. 백과사전을 찾아보니
집행유예에 대해 이렇게 설명하고 있다.

'선고된 형을 집행하지 않고 미루는 제도. 범죄의 정도가 약

하거나 개선의 여지가 있는 범죄인에게 형의 집행을 받지 않으면서 사회에 복귀할 수 있는 길을 열어준다는 형사정책적 의지가 반영되어 있다.'

　과연 이 사건이 '범죄의 정도'가 약한가? 피를 흘리며 병원으로 실려 간 사람이 없을 뿐 피해의 정도와 범위는 깊고 넓다. 평생 힘들게 일해서 모은 돈을 전부 투자한 사람이 없을 거라고 단정할 수 있는가? 무엇보다 우리는 자본주의 체제에서 살고 있다. 증권시장과 기업은 자본주의의 근본 동력이다. 그것을 부당하게 이용하는 것은 우리 사회의 근간을 흔드는 일이다. 공시에 대한 불신, 기업에 대한 불신, 나아가 사회에 대한 불신을 조장하는 범죄를 정도가 약하다고 할 수 있는가?

　또 하나, 정말 '개선의 여지'가 있는가? 허위 공시를 이용한 주가 조작은 우발적 범죄가 아니라 치밀한 계획 하에 진행된 범행이다. 도대체 어디에서 개선의 여지를 발견할 수 있는가? 그런 사람에게 '사회에 복귀할 수 있는 길을 열어준다'는 것이 가당키나 한 일인가?


## 금융범죄에는
## 강력한 처벌을

다시 말하지만 나는 법을 잘 모른다. 도대체 어떤 법리에서 이와 같은 판결이 나왔는지 알지 못한다. 그러나 그게 어떤 법리든 상식에는 맞지 않다. 법은 상식의 최소한이라는데 법이 상식에 맞지 않다면 개정하는 것이 옳지 '법이 그렇다'고 넘어가서는 안 된다. 그동안 나는 금융범죄에 대한 판결들을 보면서 범죄의 무게에 합당한 처벌이라고 생각한 적이 없다. 우리 법원이 금융범죄에 대해서만 유독 관대한 것처럼 보이는 건 나만의 느낌일까? 판결은 확정되었지만 투자자들의 고통은 끝나지 않았다. 어쩌면 지금부터 시작일지 모른다. 그런데 가해자에 대한 처벌은 끝난 것이나 다름없다.

미국 엔론 사태의 주역인 케네스 레이Kenneth Lay와 제프리 스킬링Jeffrey Skilling은 각각 24년 4월과 24년 형을 선고받았다. 우리나라 자본시장법에도 시세조종행위 등의 주가 조작은 10년 이하의 징역 또는 5억 원 이하의 벌금에 처해지고 부당 이익이 5억~50억 원일 경우 3년 이상의 징역, 50억 원 이상이면 무기 또는 5년 이상의 징역에 처할 수 있다고 되어 있다. 하지만 실제로 적용된 경우가 얼마나 되는지는 모르겠다.

이번 정부에서 주가 조작 등 자본시장 교란행위에 대한 엄벌 의지를 밝혔다고 한다. 어떻게 될지 두고 볼 일이지만 지금의 법을 조금 더 강화하는 정도로는 부족하다는 생각이다. 자본시장을 교란하는 행위, 우리 사회의 신뢰를 무너뜨리는 범죄에 대해서는 훨씬 더 강력한 처벌이 필요하다. 부당하게 얻은 이익은 물론이고 그 이상의 벌금을 매겨야 한다. 그리고 금융범죄를 계획하는 사람은 남은 인생을 감옥에서 보낼 각오를 하도록 만들어야 한다. 그렇게 되면 적어도 집행유예를 받거나 몇 년 복역한 뒤 떵떵거리며 사는 꼴은 보지 않아도 된다.

범죄를 저지른 사람이 당당하게 활보할 때, 기업을 이용해 부당한 이익을 취한 사람이 또 다시 사장님으로 떵떵거리고 살아갈 때 그것이 사회에 던지는 메시지는 무엇일까?

몇 년 전 흥사단 투명사회운동본부 윤리연구센터가 초중고 학생 1만 1,000명을 대상으로 설문조사를 실시한 적이 있다. 이 조사에서 고등학생의 56퍼센트가 '10억 원이 생긴다면 죄를 짓고 1년 정도 감옥에 가도 괜찮다'고 응답했다고 한다. 초등학생은 17퍼센트, 중학생은 39퍼센트였다. 설문의 취지는 '청소년 정직지수 조사'였으나 내가 주목하는 지점은 조금 다르다. 수감생활 1년과 10억 원이 교환되는 것, 즉 죄를 짓고도 잘 먹고 잘사는 것을 자주 접했기 때문에 그렇게 답한 게 아닌가 하는 것이다. 우리 사회가 금융범죄의 무게에 따라 엄중한 처벌을 해왔다면 청소년들은 이렇게 되묻지 않았을까?

"10억 원이 생기는 죄를 지었는데 어떻게 1년만 살아요? 청춘을 거기서 다 보내고 나와서도 답이 없는데 그 짓을 왜 해요?"

# 미래에서 온
# 사람들

시간여행은 영화의 단골 소재다. 미래의 사람이 현재로 오기도 하고 현재의 사람이 과거로 가기도 하고 과거의 사람이 현재로 오기도 한다. 과거와 현재, 미래를 종횡무진 넘나드는 영화도 있다. 투자자라면 고군분투하는 주인공을 보면서 우선 주식투자로 돈을 좀 벌어놓고 그 힘으로 세상을 구하면 되지 않겠는가 하는 공상을 한 번쯤은 해봤을 것이다.

만일 어느 특정 시점의 미래만을 알 수 있다면 언제가 좋을까? 나는 10분 후가 가장 좋을 것 같다. 장이 열리고 10분 동안 가장 높게 상승할 종목을 사고, 또 그 다음 10분 동안 올라갈 종목을 매수하면 된다. 쉬어가면서 해도 하루 10배의 수익은 우습

게 낼 수 있다.

그런데 이런 초현실적인 일들이 현실에서 실제로 일어나곤 한다. 여러분도 며칠, 몇 시간, 몇 분 후의 미래를 보고 온 사람들의 행동을 여러 차례 목격한 바 있다. 2016년에도 미래를 본 초능력자들이 떠들썩하게 등장한 적이 있다.

## 내부정보를 이용한
## 불공정 거래

9월의 어느 날 한 기업이 장 마감 후 좋은 소식을 알렸다. 1조 원 규모의 기술 수출 계약을 맺었다는 것이다. 이 기업은 이전에도 여러 차례 큰 액수의 기술 수출 계약을 성사시켰고 그때마다 주가는 상승했다. 수출 규모도 그렇지만 기술력을 재차 삼차 확인시켜 주었다는 면에서도 그 의미가 컸다. 큰 폭의 성장을 기대하기에 부족함이 없었고, 증권사들 역시 당시 가격의 2배에 이르는 목표주가를 제시하기도 했다.

다음날 장이 열리자 현재에 묶여 있던 투자자들이 매수에 뛰어들면서 주가가 5퍼센트대의 급등세를 보였다. 그런데 바로 그 시간, 초능력자들은 반대로 움직이고 있었다. 이 기업의 주식을 갖고 있던 사람들은 매도했고 그렇지 않았던 쪽은 대규모 공매도 물량을 쏟아냈다. 그리고 9시 29분, 과거에 큰 호재가 됐던 다른 기술 수출 계약이 해지되었다는 공시가 떴다. 급등하던 주가는 평소의 17배가 넘는 거래량을 보이며 18퍼센트 급락했다.

30분 후의 미래를 보여준 사람은 기업의 내부자들이었다. 정보를 유출한 이 기업의 임원과 직원들은 검찰에 기소되어 재판을 받고 있다. 기소까지 가지는 않더라도 우리는 이와 유사한 사례를 많이 본다. '별일도 없는데 왜 이렇게 올라가지?' '별일도 없는데 왜 이렇게 떨어지지?' 하는 의문 뒤에 공시가 따라오는 일들은 비일비재하다. 누군가 먼저 알았으리라는 확신은 있지만 물증은 없다. 대부분은 그냥 지나간다.


## 공시는 모든 사람에게
## 공정하게 전달되어야 한다

현재의 정보로 미래를 예측하는 것이 투자다. 따라서 투자의 세계에서 미래는 모든 것이다. 단 1분이라도 먼저 알고 매도 혹은 매수할 수 있다면 그것만으로 영원히 따라잡을 수 없는 격차를 만들어낸다.

공시보다 빨리 움직이는 사람들의 이익은 곧 공시 이후에 움직이는 사람들의 손해다. 호재가 있는 줄 모르고 매도하는 사람도 있고 악재가 있는 줄 모르고 매수하는 사람도 있다. 그러므로 미공개정보를 유출하거나 이용하는 행위는 사기와 다르지 않다.

이렇게 엄중한 범죄지만 저지르기는 너무 쉽다. 전화 한 통, 문자 한 통이면 된다. 그래서일까? 금융감독원이 2017년 불공정거래행위로 검찰에 고발한 77건 중 미공개정보 이용이 35건으로 가장 많았다. 2014년 26.7퍼센트, 2015년 38.2퍼센트, 2016년 32.6퍼센트였던 것이 2017년에는 45퍼센트로 다시 증가했다.

앞서 예로 든 기업의 경우 30분 동안 개인은 매수했고 기관과 외국인은 매도했다. 그리고 정보를 유출한 임직원은 벌금과 추징금, 집행유예 등의 처분을 받았다. 사전에 정보를 받지 않고서는 도저히 설명할 수 없는 행동을 한 기관과 외국인은 막대한 이득을 챙기고도 어떤 처벌도 받지 않았다.

'사업 내용이나 재무 상황, 영업 실적 등 기업의 내용을 투자자 등 이해관계자에게 알리는 제도로, 주식시장에서 가격과 거래에 영향을 줄 수 있는 중요 사항에 관한 정보를 알림으로써 공정한 가격 형성을 목적으로 한다.'

공시의 정의다. 다른 정의도 있다. '이해관계자를 위해 해당 기업의 재무 내용 등 권리행사나 투자판단에 필요한 자료를 알리도록 의무화하는 제도다.'

기업에 투자를 할 때 공시는 기본 중의 기본인 정보다. 따라서 모든 사람에게 공정하게 전달되어야 한다. 불공정 사회를 만드는 사람들에 대해 어떤 기준으로 처벌해야 하는지는 앞에서 충분히 말했다.


## 불성실 공시에 대한
## 처벌

공시와 관련해 한 가지 덧붙이고 싶은 점이 있다. 불성실 공시에 대한 처벌이 그것이다. 신고기한까지 공시를 이행하지 않는 공시 불이행, 이미 공시한 것을 취소하거나 부인하는 공시 번복, 기존 공시 내용을 일정 비율 이상 변경하는 공시 변동 등이 불성실 공시에 해당된다. 불성실 공시를 하면 벌금, 거래 정지, 관리종목 지정 및 상장폐지 등의 제재를 받게 된다. 그런데 이 제재는 정당한가.

예를 들어 어떤 건설사가 공사를 수주했다. 담당자는 곧바로 계약이 성사되었음을 상사에게 보고할 것이고 곧 경영자에게도 보고될 것이다. 공시담당 이사에게도 전달될 것이다. 이 과정에서 문제가 생길 때 불성실 공시가 된다.

벌금은 기업에서 나가므로 주주들의 재산에 손실이 발생한다. 거래 정지, 관리종목 지정, 상장폐지 역시 주주들의 재산에 피해를 주게 된다. 불성실 공시가 발생하는 과정 중 주주들에게 책임을 물을 개연성은 조금도 없다. 권리행사나 투자판단에 필요한 자료를 불성실하게 제공할 때 1차적인 피해자는 주주들이다. 그런데도 주주들은 벌금, 거래정지, 관리종목 지정, 상장폐지 등으로 인해 이중삼중의 피해를 본다. 피해자에게 피해의 책임을 묻는 형국이다.

공시담당 이사의 실수 혹은 고의로 공시가 불성실해졌다면 벌금은 그가 내도록 해야 한다. 고의이고 거기에 경영자가 연루되었다면 그 역시 개인적으로 책임을 져야 한다. 자기 돈이 나가는 일이라면 정확한 공시를 제때 하기 위해 최선을 다할 것이다.

불성실의 정도가 심하고 고의성이 있다면 관리종목 지정이나 상장폐지 대신 그 책임자를 교체하면 된다. 책임자는 당연히 담당자와 경영자다. 경영자가 대주주여도 달라질 것은 없다. 지분을 인정해주고 의결권을 제한하면 된다. 심각한 불성실 공시가 실수로 발생할 리 없다. 실수였다고 해도 그 정도가 심각하다면 의결권을 박탈해도 된다. 가혹하다고 할지 몰라도 피해자에게 피해의 책임을 묻는 것보다는 합리적이고 상식적이다.

# 주식투자 소득에
# 세금을 제대로 부과하자

벤자민 프랭클린은 이렇게 말했다. "죽음과 세금은 피할 수 없다." 확실히 죽음을 피한 사람은 없다. 하지만 세금은 다르다. 합법적인 절세를 통해 피하기도 하고 아예 탈세를 하는 경우도 있다. 벤자민 프랭클린의 말은 죽음처럼 세금도 피하고 싶은 것이 당연하니 꼼꼼하게 잘 징수해야 한다는 의미인 듯싶다.

## 소득이 있는 곳에
## 세금을

되도록 피하고 싶은 세금이지만 그래도 돈을 벌었으면 세금을 내는 것이 상식이다. 또 세율에 대한 논의는 가능하지만 많이 버는 사람에게 더 높은 세율을 적용하는 것 역시 상식이다. 이 상식을 토대로 주식시장과 관련한 세금을 살펴보자.

정부는 2017년 세법개정안을 통해 2018년 4월부터 대주주 주식양도세 과세의 범위를 확대했다. 보유액 기준으로 종목당 코스피 25억 원 이상, 코스닥 20억 원 이상이던 것을 모두 15억 원 이상으로 낮췄다. 과세 범위는 단계적으로 확대할 예정으로 2021년부터는 종목별 보유액 3억 원 초과자도 적용 대상이 된다. 개인적으로는 이미 이전 기준부터 적용 대상이었으니 이런 세법개정안이 크게 거슬리지 않는다. 개인투자자들 역시 세금을 많이 물어도 좋으니 그만한 자금이 있었으면 좋겠다는 사람이 대부분일 것이다.

이런 방침에 대한 걱정들도 있다. 큰손 투자자가 빠져나가서 주식시장이 침체기에 빠지거나 세금을 피하기 위해 연말에 일시적으로 보유 주식을 매도할 수도 있다는 것이다. 하지만 수익을 낼 수 있는데 단지 세금이 무서워서 시장을 빠져나간다는 견해에는 쉽게 동의할 수 없다. 그런 사람이 있을 수도 있지만 많지는 않을 것 같다. 또한 연말에 일시적으로 팔고 나가는 거라면 오히려 다른 투자자들에게 저가에 매수할 수 있는 좋은 기회가 된다. 이 역시 크게 걱정할 부분이 아닌 것 같다.

그런데 이런 논란들은 본질을 비켜나가고 있다. 지금부터 할 이야기는 다수의 소액투자자들이 싫어할 내용이다. 소득이 있는 곳에는 세금을 매겨야 한다는 데 동의하는가. 그렇다면 생각해보자. 15억 원 이하로 투자하는 사람들에게는 왜 세금을 물리지 않는가.

세금은 되도록 피할 수 없도록 만들어야 한다. 죽음처럼 집요해야 한다. 소득이 있는데도 이만저만한 방법으로 세금을 내지 않을 수 있다면 올바른 제도라고 볼 수 없다. 또한 과세 기준에서 벗어나 있는 사람이 연말에 팔고 연초에 다시 사는 방법으로 세금을 피할 수 있다면 상식적이지 않다. 과세 범위를 조정하는 수고 대신 모든 주식양도 차익에 대한 세금을 물리되, 금액에 따라 세율을 다르게 적용하면 될 일이다. 어떤 종목에서는 손해를 보고 어떤 종목에서는 수익을 냈다면 연말에 합산해서 세금을 매기면 간단하다. 이렇게 하면서 거래세를 낮추고 증권사도 수수료를 낮추는 것이 합리적이라 생각된다. 한마디로, 거래 자체에 세금과 비용을 물리지 않고 이익에 세금을 물리자는 것이다.

## 배당소득세 개선을 위한 제안

이왕 세금 이야기가 나왔으니 배당소득세에 대한 불만도 제기하고 싶다. 주주는 기업의 주인이다. 주식회사는 법인이라는 독립체로 존재하지만 그 독립체는 주주들의 소유라고 봐야 한다. 그리고 기업이라는 법인은 이익에 대해 법인세를 낸다. 그러고 남은 돈의 일부를 주주들에게 배당으로 주는 것이다. 그런데 여기에 다시 세금을 매기므로 이중과세인 셈이다.

배당소득세를 전면 폐지할 수는 없더라도 지금보다 훨씬 낮은 수준의 세율을 적용해야 한다. 또한 금융종합소득과세 대상자는 25퍼센트의 높은 배당소득세를 내는 대신 분리과세를 받을 수 있도록 해야 한다. 소액투자자들은 얼마 되지도 않는 배당에 세금 좀 깎는 게 무슨 대수냐고 할 것이다. 하지만 생각의 순서가 잘못되었다. 세계 꼴찌 수준인 배당이 첫 번째 문제인 것이다. 많이 올랐다고 하는 우리나라 배당성향은 2017년 16.02퍼센트였다. 미국(38.62퍼센트), 일본(34.08퍼센트), 중국은 물론 인도(30.21퍼센트)보다도 낮았다.

배당이 합리적인 수준으로 올라간다면 시세차익만을 노리는, 투기 같은 투자문화가 상당 부분 완화될 것이다. 여기에 장기투자자에 대해 주식양도세를 조정해준다면 기업과 투자자 모두에게 좋은 장기투자문화가 정착되리라 본다. 매년 일정한 수익을 내는 기업이 매년 그 성과를 투자자들과 나누고, 투자자들은 그 배당에 대해 낮은 세금을 물고, 길게 투자할수록 주식 양도에 대한 세금을 적게 낸다면 조마조마하고 불안한 주식시장이 아니라 서민들의 평온한 희망이 되는 자본시장이 될 것이다.

세금과 관련해서 딱 한 가지만 더 제안하면, 65세 이상 고령자들의 소액 배당금에 대해서는 소득세를 감면해주는 제도가 도입되면 좋겠다. 주식양도 소득세를 전면 부과하더라도 이들에 대해서는 세금을 감면해주는 것이다. 그래서 젊었을 때 열심히 일한 사람들이 기업과 동행하면서 안정되고 자존감 있는 노후를 누릴 수 있었으면 한다. 한 시대 동안 우리나라를 지탱해온 사람들에게 이 정도 혜택은 베풀 수 있을 거라고 생각한다. 부동산에 묶여 있을 돈이 기업에 투자되니 국가경제에도 이바지하는 건 물론이다.

4장

---

# 기관은
# 기업에 투자하라

# 고객을 위해
# 일하라

2017년 3월, 나는 주주총회를 앞두고 8개 기업에 공식적으로 주주제안을 했다. 사실 그 이전에도 주주총회에서 항의한 적이 있고, 대표이사나 임원을 만나 기업과 주주 모두에게 도움이 되는 안건을 제안하기도 했다. 그러던 것을 주주제안을 형식을 갖춰 제대로 하고 언론에도 알린 것은 작게라도 변화의 씨앗을 만들어보려는 시도였다. 배당성향을 높여달라는 내용은 거의 공통적으로 들어 있었고 그 외에도 자사주 매입 및 소각, 자회사 합병, 지배구조 및 재무구조 개선, 적극적 IR 등 다양한 제안을 했다. 고려해보겠다는 답변이 대부분이었고 채택된 안건은 적었지만 이제 시작이니 낙담하지 않는다.

소액주주들의 힘을 모으려는 시도도 해봤다. 감사 임기가 만료되는 기업이 있었는데 기업과 소액주주들을 위해 열심히 일할 수 있는 감사를 선임해보려고 했다. 소액을 투자한 주주들을 한데 모으면 가능성이 있어 보였다. 그래서 뜻을 같이하는 지인이 포털사이트의 증권 게시판에 글을 올렸다.

다들 아는 사실이지만 증권 게시판에는 주가에 대한 전망, 경영진에 대한 비판, 서로에 대한 비난 등 다양한 글이 올라온다. 조회 수도 높았다. 그런데 우리가 소액주주들에게 제안한 글에는 고작 7개의 댓글이 달렸다. 200명이 넘는 사람이 읽었는데 댓글을 쓴 사람이 고작 7명이라니. 조금 실망스러웠지만 역시 크게 낙담하지 않았다. 몇 주 되지도 않는 걸 보태봐야 무슨 도움이 되겠느냐는 자괴감도 작용했을 테고 위임장을 써서 보내기가 번거롭기도 했을 것이다. 전자투표제가 의무적으로 도입되고 한두 기업에서 소액주주들이 이겼다는 소식이 들리면 행동하는 데 주저하지 않을 거라고 믿는다.

## 기관투자자는
## 누구를 위해 일하는가

나는 전업투자자다. 그래서 8개 기업에 다양한 주주제안을 할 수 있었다. 생업에 종사하면서 주주제안까지 하기란 어렵다. 아쉬운 감이 있지만 이해할 수 있다. 그런데 이해가 안 되는 집단이 있다. 왜 그러고들 있는지 알 수 없는 집단이다. 바로 기관투자자들이다.

우리는 대주주와 그 일가를 제외한 주주들이 마땅한 대접을 받지 못한다는 걸 안다. 뒷돈을 받을 리도 없으니 기관투자자들 역시 마땅한 대접을 받지 못하고 있을 것이다. 그런데도 적극적인 의결권 행사를 하지 않고 있다. 이들의 기권은 중립이 아니라 대주주의 편에 서는 것이다.

대표적인 기관투자자는 국민연금이다. 국민연금은 국내 상장사의 주식을 100조 원 넘게 보유하고 있고 5퍼센트 이상의 지분을 보유한 상장사도 280여 개에 이른다. 그런 국민연금이 국민들의 노후자금을 늘리기 위해 의결권을 행사했다거나 대주주를 압박했다는 이야기를 거의 들어보지 못했다. 지분의 힘으로 기업을 좌지우지하라는 게 아니다. 정당한 대접을 요구해야 한다는 뜻이다.

'스튜어드십 코드Stewardship code'라는 것이 있다. 국민의 돈, 투자자들의 돈을 맡은 기관투자자들의 수탁자로서의 책임에 대한 원칙으로 기관투자자의 의결권 행사 지침이다. 2010년 영국이 처음 도입한 스튜어드십 코드는 현재 네덜란드, 이탈리아, 일본, 대만 등 10여 개국에서 운용하고 있다. 우리나라는 전국경제인연합회 등 경제단체의 반대로 늦춰지다가 2016년 12월에야 금융위원회가 '기관투자자의 수탁자 책임에 관한 원칙'을 공표했다.

1. 기관투자자는 고객, 수익자 등 타인 자산을 관리·운영하는 수탁자로서 책임을 충실히 이행하기 위한 명확한 정책을 마련해 공개해야 한다.

2. 기관투자자는 수탁자로서 책임을 이행하는 과정에서 실제 직면하거나 직면할 가능성이 있는 이해상충 문제를 어떻게 해결할지에 관해 효과적이고 명확한 정책을 마련하고 내용을 공개해야 한다.

3. 기관투자자는 투자대상회사의 중장기적인 가치를 제고하여 투자자산의 가치를 보존하고 높일 수 있도록 투자대상회사를 주기적으로 점검해야 한다.

4. 기관투자자는 투자대상회사와의 공감대 형성을 지향하되, 필요한 경우 수탁자 책임 이행을 위한 활동 전개 시기와 절차, 방법에 관한 내부 지침을 마련해야 한다.

5. 기관투자자는 충실한 의결권 행사를 위한 지침·절차·세부기준을 포함한 의결권 정책을 마련해 공개해야 하며, 의결권 행사의 적정성을 파악할 수 있도록 의결권 행사의 구체적인 내용과 그 사유를 함께 공개해야 한다.

6. 기관투자자는 의결권 행사와 수탁자 책임 이행 활동에

관해 고객과 수익자에게 주기적으로 보고해야 한다.

7. 기관투자자는 수탁자 책임의 적극적이고 효과적인 이행을 위해 필요한 역량과 전문성을 갖추어야 한다.

7개의 원칙 중 몇 가지는 원안에서 대폭 후퇴한 것이라고 한다. 2018년 11월 현재, 스튜어드십 코드 참여를 확정지은 기관은 67곳이다. 공식적으로 참여 예정을 밝힌 기관은 40곳이라고 한다. 국민연금 등 연기금이 위탁자산운용사를 선정할 때 스튜어드십 코드 참여에 가산점을 부여하는 방침 때문으로 보인다.

2016년 4월부터 2017년 3월까지, 수수료를 받으면서 투자자들의 돈을 투자해주는 자산운용사 49곳이 1,320개 투자 대상 기업의 주주총회의 안건에 반대한 건수는 180건이었다. 전체 안건 7,175건 중 고작 2.5퍼센트에 불과했다.

국민연금도 크게 다르지 않다. 2018년 5월 말 기준, 국민연금의 의결권 반대 비율은 20퍼센트였다. 2016년 10.07퍼센트, 2017년 12.87퍼센트에 비하면 조금 나아졌다고 볼 수 있으나 아직까지 스튜어드십 코드를 확실하게 행사한 경우는 없었다. 지켜볼 일이다.

# 증권시장을
# 단순화하라

2008년 세계금융위기의 발단이 된 미국의 서브프라임 모기지 사태는 2000년대 초반 경기부양을 위한 초저금리 정책에서 시작되었다. 주택융자 금리가 인하되자 자본이 부동산으로 몰렸고 당연히 부동산 가격이 상승했다. 대출금리보다 더 빠른 상승률을 보였기 때문에 대출은행으로서는 안전한 거래처럼 보였다. 담보로 잡은 주택을 팔면 대출금 회수는 어렵지 않다는 계산이었다.

당신이 만일 안전한 데다 높은 이자를 받을 수 있는 상품을 알고 있다면 가장 아쉬운 점이 무엇일까? 그렇다. 돈이 부족하다는 것이다. 이때는 돈이 아무리 많아도 부족하다. 땅 짚고 헤엄치면서 노다지를 캘 수 있는데, 투자를 많이 할수록 더 많은 돈을 그것도 안전하게 벌 수 있는데 전 재산을 투자하지 않을 이유가 없다.

대출은행들도 그랬다. 모지기 상품은 원금을 회수하려면 길게는 몇십 년이 걸린다. 대출을 더 해주고 싶은데 가진 돈이 더이상 없었다. 이때 월스트리트가 구세주로 나타났다. 대출은행이 돈을 빌려주고 받은 채권(원금과 이자를 받을 수 있는)을 월스트리트의 금융사가 웃돈을 주고 사들인 것이다. 그러면 대출은행은 다시 대출해줄 돈이 생긴다. 대출과 채권 매도라는 순환 덕분에 얼마든지 돈을 빌려줄 수 있게 되었다.


**파생상품으로 인한
서브프라임 모기지 사태**

월스트리트로 간 채권은 어떻게 되었을까? 모기지 채권은 이런저런 다른 종류의 채권과 섞이고 쪼개져 파생상품이 되었다. 이 파생상품을 사들인 금융사는 이를 기반으로 또 다른 파생상품을 만들어냈다. 이렇게 담보로 잡은 부동산과 몇십 년 동안 들어올 이자를 기반으로 한 파생상품이 월스트리트 전체로 퍼졌다. 그리고 저금리 정책이 종료되면서 이자와 원금을 갚지 못해 파산하는 사람이 속출했고 부동산 버블도 꺼졌다. 대형 금융사와 증권사의 파산은 자연스러운 수순이었다.

이상은 서브프라임 모기지 사태의 '대략적인' 개요다. '대략적인'이라는 말을 강조한 것은 모기지 기반 파생상품의 복잡성 때문이다. 금융가의 머리 좋은 사람들이 만들어낸 복잡한, 그래서 본질을 파악하기 어려운 파생상품들이 세계적인 금융위기를 만들어냈다. 애초 파생상품이 만들어지지 않았다면 대출을 받을 수 있는 사람이 많지 않았을 것이고 그러면 금리가 올라 파산하는 사람이 있더라도 은행이 감당할 수 있는 수준이었을 것이다. 설사 은행 한두 개가 망하더라도 그 여파는 크지 않았을 것이다.

모두들 저금리 정책이 영원히 지속되고 집값 역시 영원히 상승할 거라고 생각했던 것일까? 곰곰이 생각해보자. 주택 가격은 계속해서 오를까? 그럴 수 없다. 저금리 정책은 끝까지 지속될 수 있을까? 그럴 수 없다. 금리가 올라간다면 저소득층의 사람들이 이자를 계속 낼 수 있을까? 그럴 수 없다.

대답하기 어려운 질문이 아니다. 그런데도 모두들 저금리 정책이 영원히 지속되고 집값 역시 영원히 상승할 것처럼 행동했다. 왜 그랬을까? 나는 기초 자산인 주택과 이자, 그리고 주택을 소유하고 이자를 낼 저소득층의 사람들까지 고려하기에는 파생상품이 너무 복잡하고 이해하기 어려웠던 거라고 생각한다. 꼼꼼하게 파고 들어가면 불가능한 전제 위에 만들어진 파

생상품이었지만 잘게 쪼개고 섞고 복잡하게 꼬아놓으니 본질을
파악하기 어려웠을 것이다.

가만 보면 병아리 셈과 다를 게 없다. 병아리가 자라서 알
을 낳고 그 알이 병아리가 되고 그 병아리가 자라서 또 알을 낳
고…. 그렇게 머릿속 숫자 놀음을 하다가 바구니에 담긴 알을
깨먹은 것이 서브프라임 모기지 사태의 실체가 아니었을까.


## 복잡한 금융환경이
## 증권시장의 왜곡을 만든다

나는 단순한 것을 좋아한다. 투자한 기업들도 단순한 수익구조
를 갖고 있다. 지분관계가 복잡하고 자회사로 얽혀 있는 기업은
어디서 문제가 생길지 모르고 문제가 생겨도 초기에 발견하기
어렵다. 굳이 비유하자면 비행기 같은 기업보다 자전거 같은 기
업을 좋아한다. 자전거는 작동원리가 단순하고 고장이 났을 때
어디에 문제가 있는지 금방 파악할 수 있기 때문이다. 기업이
단순해야 하는 것처럼 증권시장도 그래야 한다고 생각한다. '기
업에 자본을 투자하고 이익이 나면 공유한다'는 원리 외에 다른
무엇이 필요한지 모르겠다.

그러나 우리는 복잡한 '금융 환경'에 놓여 있다. 학교에서 배
운 것으로는 어림도 없다. 책 몇 권 읽는 것으로도 알기 어렵다.

대다수의 신문 구독자가 경제면은 그냥 넘긴다. 주식투자를 하고 있는 사람들조차 속출하는 '기괴한' 단어들을 다 알지 못한다. 전업투자자인 나조차도 한참을 들여다봐야 이해하는 신상품들이 있다. ELS, ETF, INDEX 등의 이름을 달고 나오는 온갖 펀드가 그것들이다. 같은 인덱스펀드라 해도 증권사마다 조건이 다르니 이해하기 쉽지 않다. 투자자들은 그저 아주 특별한 악재가 발생하지만 않으면 수익을 낼 수 있다는 정도만 아는 것 같다.

나는 기업 공부에 시간을 낼 수 없는 개인투자자라면 간접투자를 하는 편이 낫다고 생각한다. 생업에 종사하는 것만으로 벅찬 사람보다는 업무시간 내내 기업을 연구하고 경제동향을 예의주시하는 사람들이 투자를 더 잘할 것이기 때문이다.

그러나 몇몇 종목을 뽑아 지수를 만들어서 그것을 거래하는 방식은 바람직하지 않다. 개별 기업의 가치 대신 지수가 주가를 주도하는 현상이 나타나기 때문이다. 실제로 프로그램 매수를 보면 기업의 내용이 좋은데도 사정없이 팔아치우고 내용이 좋지 않은 기업인데도 마구 사들이곤 한다. 지수와 종목의 갭을 메우기 위해서다. 결국 기업의 가치와 주가가 따로 놀게 되는데 이것은 증권시장의 왜곡이다.

동물의 꼬리는 달릴 때 균형을 잡는 역할을 한다. 그러나 그것은 몸통의 균형을 보조하는 기능일 뿐이다. 파생상품 역시 현물시장을 보조하는 기능에서 멈춰야 한다. 지금은 파생상품이라는 꼬리가 현물시장이라는 몸통보다 거래 규모가 크다. 모기지 파생상품이 주택과 이자를 가린 것처럼 우리 증시의 파생상품 역시 기업이라는 본질을 가리게 하는 것은 아닌지 걱정이다.

2017년 3월 금융위원회는 파생상품시장의 활성화를 위해 코스피200 선물옵션의 거래단위인 거래승수를 50만 원에서 25만 원으로 낮췄다. 또 미니코스피200 선물옵션의 거래승수는 5만 원으로, 코스피200 변동성지수선물의 거래승수는 25만 원으로 낮췄다. 기존의 절반 수준이다. 나는 정말 궁금하다. 특정 시점의 지수가 오를 것이냐 내릴 것이냐를 두고 벌이는 도박을 왜 활성화해야 하는가. 현물을 가진 사람이 위험의 크기를 줄이기 위한 헷지로 사용하는 것 외에 홀이냐 짝이냐를 놓고 하는 놀음이 왜 활성화되어야 하는가. 파생상품시장의 활성화가 기업과 경제에 어떤 도움을 주는지 정말 알 수 없다.

# 당신의 능력을
# 보여주세요

친구들과의 파티에 수박 화채를 내놓으려고 한다. 수박 5개를 사려고 하는데 파티의 주최자는 수박을 고를 줄 모른다. 맛있는 수박 화채를 대접하고 싶은 주최자는 자신의 고민을 친구들과의 커뮤니티에 올렸다. 그러자 친구 중 한 명이 '수박 선별 전문가'를 자처하면서 자신이 골라주겠다고 한다. 시장에 갔더니 800개 가까이 되는 수박이 쌓여 있다.

모양을 보고 고를까 아니면 두드려보고 고를까? 그도 아니면 자기만의 특별한 기준이 있는 걸까? 어떻게 수박을 고를지잔뜩 기대하고 있는데 수박 선별 전문가의 행동이 이상하다. 그는 과도를 꺼내 수박의 한 귀퉁이를 잘랐다. 그러면서 말한다.

"5개를 샀는데 그게 맛이 없으면 큰일이잖아. 이런 식으로 200개의 수박 귀퉁이를 잘라 담으면 평균적인 맛을 낼 수 있지. 맛이 없을 수도 있어. 하지만 그건 올해 생산된 수박이 전체적으로 맛이 없기 때문이야."

그를 '수박 선별 전문가'라고 할 수 있는가(실제로 시장에서 이렇게 행동하면 큰일 난다).

## 패시브 전략?
## 그럼 투자 전문가는 뭐하게?

이제 수박 200개를 코스피200으로 바꿔보자. 코스피200은 시장 대표성, 유동성, 업종 대표성, 시가총액 등을 기준으로 선정한다. 기업의 수는 얼마 안 되지만 전체 시가총액의 86퍼센트(2018년 11월 19일 기준)를 차지하기 때문에 종합주가지수와 같이 움직인다. 그리고 증권시장에는 코스피지수의 등락과 일치하는 수익률을 추구하는 인덱스펀드가 넘쳐난다. 국민연금, 각종 공제회, 자산운용사 등을 비롯한 기관투자자들도 시장의 수익률을 좇아가는 투자를 선호한다. 이른바 '패시브passive 전략'이다. 시장의 수익률을 추구한다는 말은 참 그럴싸한데 생각해보면 참 이상한 투자 전략이다.

투자를 본업으로 하는 기관에서 일하는 사람은 누구일까?

요리사일까? 정비공일까? 농부일까? 그럴 리 없다. 그들은 투자의 전문가여야 한다. 요리사는 좋은 식재료를 선별하는 눈이 있다. 정비공은 어떤 부분이 고장 났는지 대충 훑어도 잘 안다. 농부는 좋은 씨앗을 보는 눈이 있다. 마찬가지로 투자의 전문가는 좋은 기업을 보는 눈이 있어야 한다.

어떤 기관이 코스피200지수를 추종하는 펀드를 운용한다고 하자. 200개 기업의 전망은 하나 같이 밝을까? 그렇게 보기는 어렵다. 설사 모든 기업의 전망이 밝다고 해도 정도의 차이는 있다. 그런데도 200개 기업의 평균을 추구하는 이유가 뭘까? 다른 인덱스펀드도 다르지 않다. 특정 업종의 기업들을 모아 지수를 만드는 펀드도 많다. 해당 업종에 있는 기업은 모두 전망이 밝은가.

코스피지수가 상승하면 수익을 내고 코스피지수가 하락하면 손실을 본다는 원칙은 전혀 전문가답지 않다. 특정 업종의 기업들에 마구 투자하는 것 역시 전문가다운 투자라고 볼 수 없다.

"5개 기업의 주식을 골라 매수했는데 수익률이 낮으면 큰일이잖아. 지수를 따라가면 평균적인 수익률을 낼 수 있지. 물론 손실을 볼 수도 있어. 하지만 그건 전체적으로 시장이 좋지 않았기 때문이야. 내 책임은 없다는 거지."

앞서 예로 든 수박 선별 전문가와 무슨 차이가 있는가. 다소 비약이 있을지 모르지만 다른 사람의 돈을 맡아 운용해야 하는 전문가라면 전문가로서의 능력을 보여줘야 한다.


## 투자 전문가로서의 역량을
## 보여달라

이쯤에서 국민연금의 투자 전략을 지적하지 않을 수 없다. 2018년 8월 말 기준으로, 국민연금의 기금은 650조 원으로 주식에는 38퍼센트를 투자하고 있다. 이 중 국내 기업에 투자되고 있는 자금은 전체의 19퍼센트로 무려 123조 원이나 된다. 국민연금은 이 자금 중 일부를 수십 개 기관에 나눠 위탁 운용하고 있는데 자금을 맡긴 운용사에 코스피200 등 벤치마크 추종 비율을 높일 것을 주문했다. 개별 기업에 대한 투자를 줄이고 인덱스의 비중을 늘리라고 한 것이다.

앞에서도 말했듯이 개별 기업의 가치가 아니라 지수가 주가를 주도하는 것은 증권시장의 왜곡이다. 다양한 인덱스에 포함된 종목은 본질가치보다 높게 평가되고 인덱스에 포함되지 않은 종목은 시장에서 소외된다. 과대평가와 과소평가가 영원히 지속되지는 않는다. 시간은 걸리겠지만 결국은 제 자리를 찾아간다. 내가 심각하게 보는 것은 자본의 효율적 배분이다.

'패시브'라는 말의 의미대로, 수동적이고 소극적인 태도로 시가총액이 큰 종목에만 자본을 투자하면 정작 필요한 기업에는 자본이 돌지 않게 된다. 유망한 기업이 자본을 구하지 못해 투자 시기를 놓친다면 우리 경제의 전망은 어둡다. 필요한 자본을 모을 수 없다면 굳이 상장할 이유가 없다. 이것이야말로 기업가 정신에 찬물을 끼얹는 것이다.

나는 국민연금 기금운용본부의 전문가들, 자산운용사의 전문가들이 기업의 미래가치를 보는 눈이 있다고 믿는다. 있어야만 한다. 그러니 지수가 올라가면 수익을 내고 내려가면 손실을 본다는 식의 수동적이고 무책임한 투자를 그만둬야 한다. 지수에 편입된 종목을 기계적으로 주워 담는 일은 없어야 한다. 좋은 기업을 골라 투자하는 전문가로서의 역량을 발휘해주기를 바란다.

# 신뢰를
구축하라

투자수익은 공돈이 아니다. 노동의 대가다. 기업을 공부하고 소통하고 동행하는 노동이 있어야 투자수익을 거둘 수 있다. 반대로 공돈이라고 생각하고 덤비면 자기 돈이 다른 사람의 공돈이 된다. 그래서 나는 기업을 공부하는 데 시간을 낼 수 없는 개인 투자자라면 간접투자를 하는 편이 낫다고 말해왔다. 앞서 설명했듯 생업에 종사하는 것만도 벅찬 사람보다 업무 시간 내내 기업을 연구하고 경제동향을 예의주시하는 사람들이 투자를 더 잘할 것이기 때문이다. 정확한 통계자료는 없지만 우리나라의 간접투자 비율은 선진국에 비해 낮은 것으로 알고 있다. 간접투자 시장이 더 커져야 한다는 게 내 생각이다.

바로 전에 자산운용사를 '수박 감별 전문가'에 비유해놓고 간접투자를 권하는 것은 사리에 맞지 않다고 생각할 것이다. 맞는 말이다. 간접투자 시장이 커져야 하는데 그러자면 먼저 신뢰의 구축이 필요하다. 현업에서 열심히 일하는 사람들에게는 정말 미안하지만 개인투자자들은 기관투자자들을 신뢰하지 않는다.

그도 그럴 것이 기관이라는 말이 무색하게 그들은 정말 '품위' 없는 매매 행태를 보여주기 때문이다. 기업의 실적이 좋아지는 게 보이는데도 바닥에서 '과감하게' 매도한다. 이 이해하기 힘든 행동을 내 나름대로 이해해보면 이렇다.

## 똑똑한 펀드매니저들이
## 좋은 주식을 바닥에서 매도하는 이유

펀드매니저가 바뀐다. 새로 온 매니저는 우선 손실이 난 종목 중 로스컷 제도를 이용해 해당 종목을 정리한다. 기업의 내용이 좋아도 자기 '취향'에 맞지 않는 종목은 정리한다. 이런 식으로 자기만의 포트폴리오를 구성하려고 한다. 이유는 어렵지 않게 유추할 수 있다. 자신의 성과를 만들어야 하기 때문이다. 손실이 난 종목을 정리하지 않고 두었는데 그게 지속되면 자기 책임이다. 그대로 두었는데 상승하면 전임자의 공이다. 손실이 나 있던 종목을 오자마자 정리하면 그것은 전임자의 책임이 된다.

이외에도 기관투자자의 바르지 못한 행태는 많다. 기업에 문제가 생기면 본질가치가 훼손된 게 아니더라도 무조건 팔아치운다. 해외에서 문제가 생기면 해당 기업에 악영향을 주는 것도 아닌데 내동댕이치듯 팔아버린다. 늘 그렇다고 말할 수는 없지만 아니라고 손사래 치지는 못할 것이다.

혼자 있는 개인투자자는 작은 물결을 쓰나미로 오인해 불안해할 수 있다. 바람직하지는 않지만 충분히 이해가 된다. 하지만 기관에서 일하는 사람들은 전문가다. 시장이 흔들려도 기업만 흔들리지 않는다면, 기업이 위기를 이겨낼 수 있다면 굳건하게 기관투자자로서의 자리를 지켜야 한다. 그럼으로써 투자의 본질이 무엇인지 보여줘야 한다. 또한 매니저들은 고객의 자산을 내 돈처럼 관리하는 윤리관을 가져야 하고 기업의 성과를 공유한다는 투자 철학을 가져야 한다. 도박판의 밑천 많은 타짜처럼 자금을 운용해서는 안 된다.

펀드매니저들이 이 글을 읽는다면 틀림없이 억울해할 것이다. "우리라고 그러고 싶어서 그러는 건 줄 아느냐"고 항변도 하고 싶을 것이다. 매니저 입장에서 생각해보면 장기적인 기업의 미래를 분석하는 것은 똑똑한 행동이 아니다. 한 기업이 힘이 축척하고 성장해서 실질적인 성과를 내기까지는 시간이 걸린다. 나는 이런 상황을 감안해 기업의 성장주기에 맞춰 투자해야 한다고 말한다. 그런데 매니저들은 이런 방식으로 투자할 수 없다.

6개월이나 1년 단위로 수익률을 평가받기 때문이다. 시장의 수익률을 맞추려면 시가총액이 크고 한창 들썩거리는 주식을 사야 한다. 그러다가 기업의 본질이 훼손되지 않았는데도 회복 시간이 더딜 것 같으면 사정없이 내던진다. 그렇게 해야만 시장의 수익률에 맞출 수 있기 때문이다.

## 투자 철학을 제대로 세워야
## 투자 성과 높아져

자산을 위탁하는 연기금도 단기적인 성과로 판단하고 개인 고객들도 단기적인 수익을 요구하니 매니저로서도 장기적인 계획을 세우기 어렵다. 이는 현장에서 일하는 매니저의 문제가 아니라 연기금과 자산운용사의 정책 문제다. 또한 주식시장을 바라보는 개인의 태도에 대한 문제이기도 하다.

기관투자자의 태도가 바뀌면 우리 주식시장이 건전하고 올바른 시장이 될 수 있다. 기업에 도움이 되고 나아가 경제에 도움이 되고 가계에도 도움이 되는 시장으로 만들 수 있다고 생각한다. 매매게임을 하지 않고 기업의 성장을 돕고 그 성과를 공유한다는 투자 철학을 실행에 옮긴다면 얼마든지 가능할 것이다. 자기 기관의 수익률만 챙기려는 태도는 누구에게도 도움이 되지 않는다.

특히 규모가 큰 국민연금의 변화를 기대한다. 단기적인 성과를 재촉하고 시장의 수익률을 추구한다고 하지만 실제 수익률은 후한 평가를 내리기 어렵다. 코스피지수가 크게 상승한 2017년 국내 주식에 투자해 거둔 성과는 20퍼센트가 넘을 것으로 추정된다. 하지만 2014년부터 2016년까지 국내 주식에 투자해 거둔 수익률은 평균 0.66퍼센트다. 1998년부터 2016년까지의 평균 수익률 역시 5.74퍼센트로 그다지 높지 않다. 말하기 민망하지만 내가 개별 기업에 장기적으로 투자한 수익률보다 훨씬 낮다. 똑똑한 사람들이 많이 모인 전문가 집단이니 투자 철학만 제대로 세운다면 지금까지보다 훨씬 더 높은 성과를 거둘 수 있을 것이다.

좀 더 근본적인 문제 한 가지를 조심스럽게 짚어야겠다. 간접투자 시장이 적다고 했는데 사실은 가계 자산의 구조에 근본적인 문제가 있다. 2018년 미래에셋은퇴연구소에서 발표한 자료에 따르면 국내 가계자산 중 부동산(거주주택, 거주주택 외 부동산)이 차지하는 비중은 51.3퍼센트였다. 호주(50.4퍼센트), 네덜란드(45.5퍼센트), 미국(43.8퍼센트), 영국(37.4퍼센트) 순이었다. 금융자산은 41.7퍼센트인데 그중 78.4퍼센트가 보험과 예금, 전세보증금으로 이른바 안전자산에 묶여 있다. 직장인이 서울에서 집을 사려면 한 푼도 쓰지 않고 10년을 모아야 한다고 한다. 연봉의 절반을 생활비로 쓴다면 20년을 모아야 한다. 집은 삶의 근거지이므로 돈으로는 따질 수 없는 가치가 있다. 그래서 더욱 삶의 근거지를 마련하는 데 너무 많은 돈이 들어서는 안 된다. 그러나 이미 이렇게 되었으니 어떤 방식으로 풀어야 할지 나로서는 모르겠다. 다만 장기적으로는 부동산과 금융자산의 비율이 선진국 수준으로 가야 한다는 말은 할 수 있겠다. 부동산에 묶여 있는 돈은 부가가치를 생산하지 못하고 기업에 있는 돈은 부가가치를 생산하기 때문이다. 가계의 돈이 기업에 가 있어야 국민들이 경제성장의 혜택을 함께 누릴 수 있기 때문이다.

# 증권사는
# 본업에 충실하라

"코스피지수를 예측하는 건 일찌감치 포기했다. 투자가치가 있는 기업인지 알기 위해 자료를 찾아 공부하고 몇 년간의 공시를 꼼꼼하게 확인하고 수차례 기업 탐방도 간다. 그것도 모자라 궁금한 게 있을 때마다 전화로 물어본다. 이런 일을 1~2년은 해야 '이 기업은 투자가치가 있구나' 하면서 본격적인 투자를 시작한다. 그러고서 2~3년을 더 기다린다."

2012년에 냈던 《주식투자자의 시선》이라는 책의 머리말에 썼던 내용으로, 나를 부자로 만들어준 투자법이다. 기업에 대해 충분히 공부한 후 빚이 아닌 여유자금으로 장기적인 투자를 한다는, 특별할 것도 없는 상식이다. 기업에 대해 공부할 필요가 없고, 가까운 장래에 써야 할 돈이나 빚을 이용해 단기투자를 하라는 말을 들어본 적이 있는가. 이렇게 당연한 상식을 염두에 두고 우리나라 증권사들의 현주소를 보자.

## 깡통계좌가 될
## 위험을 안고 있는 신용거래

증권사들은 투자자에게 주식을 담보로 돈을 빌려준다. 주식을 팔고 싶지 않은 경우도 있겠지만 대부분은 주식을 더 사기 위한 대출이다. 이른바 신용융자다. 한 증권사의 2017년 신용융자 이자율은 대단하다. 15일 안에 갚으면 연 11.8퍼센트, 30일은 연 9.8퍼센트, 60일은 연 8.8퍼센트이고 그 이상은 연 8.8퍼센트다. 이 증권사가 신용융자를 해주고 이자로 벌어들인 수익은 1분기에만 200억 원에 육박하며 같은 기간 순이익의 30퍼센트를 넘었다. 다소 차이는 있으나 다른 증권사의 이율도 만만치 않다. 가장 낮은 곳은 5퍼센트였고 평균 7퍼센트였다.

　도대체 무엇을 기준으로 책정한 이율인지 알 수 없다. 어떤 증권사는 기간이 짧을수록 이율이 높고 어떤 곳은 길수록 높다. 자기들 마음대로 정한다는 뜻이다. 그리고 말이 신용융자일 뿐 주식이라는 담보를 잡고 있다. 주택담보대출은 회수하는 데 시간이라도 걸리지 주식담보대출은 반대매매라는 강력한 자금 회수 도구를 갖고 있다. 이율은 자금 회수에 대한 위험에 비례하는 것이 상식이다. 그러니 투자자를 대상으로 돈놀이를 하고 있다는 비난을 어떻게 피해갈 수 있을까.

신용거래는 깡통계좌가 될 위험을 안고 있다. 주가는 결국 기업의 가치에 수렴하지만 시차는 분명 존재한다. 어떤 경우 수급에 따라 일시적으로 급락할 수 있다. 때문에 과도한 레버리지를 경계해야 한다. 여유자금일 경우 기다릴 수 있지만 신용거래는 곧바로 반대매매가 나온다. 단기간에 이자율보다 훨씬 높게 상승할 거라는 무모한 확신이 탐욕을 만들어낸다. 증권사들은 투자자들을 대상으로 돈놀이를 하는 동시에 위험한 투자를 하도록 부추기는 것이다. '어느 경우에도 투자는 본인 책임'이라는 변명으로는 빠져나갈 수 없다. 대출을 받아서 투자하라는 마케팅을 열심히 하고 있으니 말이다.


## 담대한 투자문화를 위한
## 증권사의 역할

앞서도 말했듯이, 증권사들은 파생상품을 개발하고 판매하는 데도 열을 올리고 있다. 정말 좋은 상품이라며 팔았다가 문제가 생기면 이름만 달랐지 본질에서는 크게 다르지 않은 또 다른 상품을 유행처럼 내놓는다.

주식투자는 주식에 대한 투자가 아니라 기업에 대한 투자다. 기업이 성과를 내려면 시간이 필요하고 그 시간 동안 나의 돈이 일을 한 대가가 투자수익이다. 하지만 파생상품은 숫자놀음에 가깝다. '주식투자=기업에 대한 투자'라는 등식에 동의한다면, 그렇게 투자해야 성공할 수 있는 원칙에 동의한다면 모든 증권사들은 투자자들의 투자 실패를 위한 상품을 만들어내고 있는 것이다. 증권사의 이익과 그들의 고객인 투자자들의 이익이 배치되는 정말 해괴한 그림이다.

증권시장이 서로의 돈을 탐하는 이전투구의 장이 되어서는 안 된다. 누군가의 눈물이 누군가의 웃음이 되어서도 안 된다. 기업은 성장을 위한 자본을 조달받고 투자자들은 기업의 성과를 공유하는 장이어야 한다. 이것이 기업의 성장과 경제발전, 그리고 자본시장이 서민의 희망이 되는 그림이다. 이를 위해 대주주와 투자자들의 변화도 중요하지만 증권사의 역할도 빼놓을 수 없다.

증권사의 기본 역할은 기업과 투자자의 연결이다. 기업이 투자자들을 만나도록 도와주고 투자자들이 올바른 판단을 내릴 수 있도록 돕는 것이 증권사의 존재 이유다. 그리고 보유자금으로 기업에 투자하는 것까지 포함할 수 있다. 이것이 브로커리지(위탁매매), 딜링(자기매매), 언더라이팅(인수주선)이라는 증권사의 사업 영역이다. 투자자들에게 돈을 빌려주고 이자로 돈을 버는 것도, 그것이 전체 수익에서 상당 부분을 차지하는 것도 정상이 아니다.

나는 증권사가 딜링에서 벌어들이는 수익이 전체의 30~40퍼센트는 되어야 한다고 생각한다. 좋은 기업을 발굴해 투자자들에게 소개하고 스스로도 투자를 하는 것이다. 증권사가 기업의 성과를 공유하는 방식의 투자를 한다면, 그렇게 해서 단기매매보다 더 나은 수익을 보여준다면 숫자에 일희일비하지 않는 담대한 투자문화가 정착될 거라고 생각한다.

5장

언론은
힘이 세다

# 불안은 조장하고
# 기대는 부풀린다

시가 6억 원 상당의 주식을 보유하고 있는 친구가 모임에 나와서 최근 일주일 동안 100만 원을 현금화했다고 말한다. 그 말만 하고서 친구는 급한 일이 있다며 자리를 떴다. 남은 친구들은 왜 그 친구가 100만 원어치 주식을 팔았는지 분석하기 시작한다. 마침 한 친구가 그의 집에 사촌동생이 왔었다는 정보를 전해준다. 다른 누군가는 그 사촌이 사업에 실패해 살림이 어렵다는 걸 알고 있었다. 결론은 어렵지 않게 났다. 그가 주식을 판이유는 형편이 어려운 사촌을 돕기 위해서였다. 이 '분석'은 동창회 커뮤니티에 올라 삽시간에 '사실'로 퍼진다. 이 분석의 결과가 사실일 확률은 얼마나 될까?

당신이 이 동창회의 일원이었다면 어떻게 반응했을까? 당장 여러 질문이 떠오른다. 6억 원을 투자하고 있는 친구가 100만 원이 없어서 주식을 팔았다고? 사업에 실패한 조카를 돕기에 100만 원은 너무 적은 액수 아닌가? 그리고 가장 중요한 질문 하나, '당사자한테 물어봤어?'. 나는 이런 질문을 뉴스를 볼 때도 던져봐야 한다고 생각한다. 참 이해하기 힘든 분석들이 많기 때문이다.

## 북핵 위기와
## 외국인투자자

2018년 한반도는 비핵화와 종전선언을 향해 쉼 없이 달려왔다. 그러나 2017년 8월에는 북한과 미국이 서로 으르렁거리고 있었다. 벌써 몇 번의 전쟁을 하고도 남았을 만큼 '말 폭탄'을 쏟아부었고 그 수위는 점점 높아졌다. 비슷한 시기에 연일 최고치를 갱신하던 코스피지수가 하락했다. 대부분의 언론은 코스피지수 하락이 외국인들이 주식을 팔았기 때문이라고 했다. 그 주요 원인으로 많은 외국인이 북한과 미국의 갈등, 즉 북핵 문제로 인해 한국의 상황을 불안하게 봤기 때문이라고 해석했다. 외국인은 8월 들어 약 10일 동안 1조 원 가량을 순매도했으니 틀린 말은 아니다. 그런데 매도의 원인을 오로지 북핵으로 돌리는 것은 '어려운 조카를 돕기 위해서'라는 분석만큼 이상하다.

우리 증권시장에 들어와 있는 외국인 자본의 규모는 600조 원에 달한다. 말 폭탄이 오가던 열흘 동안 600조 원 중 무려 1조 원이 현금화되어 빠져나갔다. 당신이 다른 나라의 기업에 투자하고 있는데 전쟁이 날 것 같다고 한다면 투자한 자금 중 600분의 1만 회수하겠는가. 그런데도 북한과 관련된 이슈가 있으면 언론은 늘 증시를 들먹인다. 어느 때는 북한 때문에 지수가 떨어졌다고 하고 또 어느 때는 '북한 이슈가 있음에도 불구하고' 지수가 올라갔다고 분석한다. 이걸 어떻게 받아들여야 하는가? 2006년 북한이 핵실험을 했을 때는 내국인은 팔고 외국인은 샀다. 이건 또 어떻게 해석해야 하는가?

만약 전쟁이 임박했고 한국인만 모르는 어떤 정보가 있다면 국내 거주 외국인들이 일시에 대거 출국할 것이다(물론 이런 정보화 시대에 이런 일이 발생할 가능성은 희박하다). 또한 하한가에 파는 한이 있더라도 국내에 투자된 모든 돈을 회수하려고 할 것이다. 그러나 남북이 서해상에서 교전을 했을 때도, 북한이 연평도를 포격했을 때도 그런 일은 일어나지 않았다.

북한과 핵은 위협요소임에는 틀림없다. 그러나 전쟁이 일어날 가능성은 아주 낮다. 물론 가능성이 지극히 낮다 하더라도 정부와 군은 그 가능성에 대비해야 하고 긴장을 완화시키는 노력을 계속해야 한다. 또한 언론은 정부의 대응에 대해 비판할 수 있다. 그러나 국민은 다르다. 북한이 핵실험을 하거나 위험한 발언을 할 때마다 라면과 쌀을 사재기해야 할까? 예비군들은 자진해서 재입대를 해야 할까? 투자자들은 또 무엇을 해야 할까? 보유 주식을 몽땅 현금화해서 금이나 달러로 바꿔야 할까? 그걸 들고 잠잠해질 때까지 해외에 나가 있어야 하는가?

언론이 나서서 공포와 불안을 조장해서는 안 된다. 미국과 북한이 왜 갈등하는지, 그 험악한 말들을 통해 무엇을 얻으려고 하는지 차분하게 분석해서 불안을 해소해주는 것이 언론의 역할이다. 그런데 오히려 반대인 것 같다. 언론은 '불안, 심각, 충격' 등을 말하고 독자들은 되레 차분했다. 북한 리스크가 이번에는 다르다는 한 기사에 독자들은 '외국인들의 이익실현'이라는 댓글을 달고 있었다.

우리 언론들은 미국, 유럽, 중국에서 무슨 일이 터지면 당장 우리 경제가 망할 것처럼 호들갑을 떤다. 주식에 한정해서 말하자면 그 일과 관련해 심각한 타격을 입을 국내 기업은 별로 없다. 다만 주가에 타격이 있을 뿐이다. 기업은 그대로 유지되고 있는데 주가가 떨어진다면 오히려 싸게 살 수 있는 기회로 삼을 일이다(내가 위기 이후를 보는 혜안을 가져야 한다고 말하는 이유다). 언론은 '전대미문의 위기'라고 과장할 게 아니라 위기의 본질을 기사로 써서 독자들로 하여금 위기 이후를 볼 수 있도록 해야 한다.

## 불안 조장과 과도한 기대는
## 투자의 적

위기의 과장은 국내외 경기 상황에만 한정되지 않는다. 특정 기업에 대한 위기 역시 부풀리는 경우가 많다. 2017년 한국항공우주는 원가 부풀리기, 비자금 조성, 분식회계 등 의혹에 휩싸여 검찰의 수사를 받았다. 이 기업의 대주주는 한국수출입은행으로 공기업이나 다름없다. 사건이 터지면서 주가는 반 토막이 났고, '분식회계 혐의 한국항공우주, 상장폐지 가능성은?'이라는 제목의 기사가 보도되었다. 해당 기사는 한국항공우주의 주가 급락, 검찰 수사 등을 거론하면서 '펀더멘털 측면에서도 위험성이 커졌다고 볼 수 있다'는 전문가 의견을 실었다. 그런데 기사의 마무리는 달랐다. 업계 전문가들에 따르면 상장폐지 가능성은 낮다는 것이다.

만약 상장폐지에 대한 불안을 느끼는 투자자가 많았다면 기사 첫머리에 '한국항공우주, 상장폐지 가능성 낮다'라고 써야 했다. 상장폐지 가능성이 낮다는 결론을 내린 상태에서 '1년 내내 주가 반 토막에 이어 상장폐지 우려까지 겹치며 투자자 불안이 커지고 있다'라는 식으로 불안을 조장해서는 안 된다. 기사는 내용의 핵심을 제목으로 하고 중요한 내용부터 써야 한다. 기껏 불안을 조장해놓고 결론은 아니라고 하는 건 순서가 잘못되어도 한참 잘못되었다.

위험을 과장해 암울한 전망을 하는가 하면 근거가 부족한 장밋빛 전망을 내놓기도 한다. 새로운 기술이 개발되면 거기서 당장 엄청난 수익이 날 것처럼 보도한다. 특정 업종의 전망이 밝으면 거기에 속하는 모든 기업이 황금알을 낳을 것처럼 보도한다. 아주 작은 연관성만으로 테마주에 편입시켜 보도하는 일도 부지기수다. 언론을 따라 투자한다면 그야말로 뇌동매매가 될 수밖에 없다. 뇌동매매는 실패의 지름길이다. 그렇게 보면 언론이 투자자를 실패의 지름길로 안내하고 있는 꼴이다.

언론 일반에 대한 논평이 아니라는 점을 분명히 해야겠다. 지금 나는 증권시장과 관련한 기사만을 말하고 있다. 2017년 들어 코스피지수가 최고가를 갱신해갈 때 언론들은 어제보다 몇 포인트 오르지도 않았는데 최고가를 갱신했다며 수선을 떨었다. 그리고 북한 리스크가 대두되었을 때는 몇 포인트 떨어지지도 않았는데 시장에 큰 충격이라도 있는 양 난리를 피웠다. 이처럼 주식 관련 기사는 기대와 불안의 양극단을 달리는 경우가 많다. 불안이나 과도한 기대는 투자의 적이다. 차분하고 사실에 기초한 기사로 과도한 불안과 기대를 제 자리로 돌려놓는 것이 언론의 책임이라고 생각한다.

아래 칼럼은 2016년 브렉시트 때 기고한 것이다. 인터넷 검색으로 칼럼에 소개한 당시 기사의 제목들을 살펴본 다음 현재의 상황을 상기하면서 읽어보기를 권한다.

172

## 위기는 늘 전대미문이다

또 다시, 전대미문의 위기가 닥쳤고 나는 시켜놓은 점심을 먹지 못했다.

많은 전문가, 비문전가의 예상을 뒤엎고 영국 국민의 절반 이상이 유럽연합EU 탈퇴를 선택했다. 개표가 진행되면서 설마했던 일이 현실이 되어가자 전 세계 증시는 큰 폭으로 하락했다. 흔들리는 유럽연합, 금융시장의 혼란이 예견되었다. 엔화와 달러는 급등했고 파운드화는 급락했다. 한국 증시는 거의 패닉 상황이었다. 코스피는 3.09퍼센트 하락 마감했고 코스닥은 장중 7퍼센트 대까지 폭락했다가 4.76퍼센트 하락 마감했다. 언론들도 큰 소리로 '브렉시트가 온다!'라고 외치면서 불안을 가중시켰다.

그런데 정말 궁금하다. 영국이 유럽연합을 탈퇴하면 우리에게 어떤 영향이 있는 것일까? 아니, 좀 더 정확하게 말해야겠다. 영국의 EU 탈퇴가 내가 투자한 기업에 어떤 영향을 미치게 될까? 나는 6월 24일 '일단 매도한 뒤 추이를 지켜보자' 혹은 '불안하니까 일단 매도하자'며 보유 주식을 매도한 이들에게 묻고 있는 것이다.

달러와 엔화의 강세는 수출 기업에는 호재이고 원자재 등을 수입해야 하는 기업에는 악재다. 파운드화의 약세는 영국에 수출하는 기업에게 악재이긴 하지만 영국이라는 무역대상이 사라져버리는 것도 아니다. 금융시장이 요동치면서 외국인 자금이 빠져나간다 하더라도 내가 투자한 기업이 성장하고 있다면 결국 제 가치대로 인정을 받을 것이다. 브렉시트의 영향으로 어려움을 겪는다고 해도 업종 내에서 건실하고 경쟁력 있는 기업이라면 이후에는 더 크게 성장할 수 있다.

위기는 늘 새롭다. 외환위기, 9.11 테러, 글로벌 금융위기, 그리스에서 시작된 유럽의 재정위기 등은 우리가 과거에 경험해보지 못한 것들이다. 그래서인지 뭔가 사건이 터지면 화들짝 놀라 싼 값에 주식을 던져버리는 일이 반복되고 있다. 그날 내가 점심을 먹지 못한 이유는 싼 값에 나온 주식을 즐겁게 사느라 바빴기 때문이다. 그동안 눈여겨 봐두었던 기업의 주식을 열심히 매수했다. 약 40억 원어치를 샀으니 모니터 앞을 떠날 수가 없었다. 일주일이 조금 지난 시점에서 이전 수준을 회복한 주가를 보면서 어떤 생각을 하고 있을까.

투자자라면 좀 더 담대해져야 한다. 불안은 전염성이 강하다. 근거 없는 불안에 감염되지 않으려면 잘 아는 기업에 여유 자금으로 투자를 해야 한다. 위기와 기회의 요인이 무엇인지 아는 기업에 급하지 않은 자금을 투자해놓으면 부화뇌동할 일도 없고 외부 요인 때문에 비정상적으로 하락하더라도 기다려줄 수 있다.

날씨를 완벽하게 예측하기는 불가능하다. 그러나 튼튼하게 잘 지은 집에 있다면 석 달 열흘 장마가 와도 불안할 이유가 없다.

'역사상 가장 복잡한 이혼'이라고 할 만큼 탈퇴 협상을 하는 중에도 '위기가 온다!'라는 외침을 듣게 될 것이다. 그리고 100퍼센트의 확률로 전혀 다른, 전대미문의 위기가 또다시 도래할 것이다. 그때는 배추 값이 폭락했다고 고추밭을 갈아엎는 일은 없어야 한다.

−⟨아시아경제⟩ 2016년 7월 5일

# 배만 떨어지면
## 까마귀를 찾는 한국의 언론

가을이 되면 퍼렇던 감이 발갛게 익어간다. 아직은 떫지만 햇볕이 안 드는 곳에 잘 보관하면 겨우 내내 홍시로 먹을 수 있다. 수확기가 되기 전에도 홍시는 있다. 자연은 공산품과 달리 생산 시기가 일정하지 않아서 한 가지의 감이라도 어떤 것은 올되고 어떤 것은 늦된다.

익지 않은 감은 어지간한 바람에도 떨어지지 않지만 빨간 홍시는 가만 두어도 떨어진다. 바람이 살랑 불어도, 참새 한 마리가 가지에 앉았다 날아가기만 해도 떨어진다. 이때 바람이나 새를 홍시가 떨어진 원인으로 규정해서는 안 된다. 그런 것들이 없어도 어차피 중력만으로 그냥 떨어질 게 분명하니 말이다. 그

래서 앞서 언급한 대북 리스크와 관련해 한 가지 덧붙이고자
한다.


**외국인 매도 이유,
물어는 봤나?**

2017년 8월 10일로 돌아가 보자. 이날 오후 1시경 한 언론은
코스피지수가 대북 리스크로 '끝없이 떨어지고' 있다는 기사
를 올렸다. 당시 실제 하락한 정도는 28.94포인트(1.28퍼센트)였
다. 이 정도 하락이 끝없이 떨어지는 거라면 3퍼센트쯤 하락하
면 어떤 표현을 쓸지 궁금하다. 이 기사는 '북한과 미국의 긴장
때문에' 뉴욕 증시도 이틀 연속 하락했다고 설명했다. 다우존
스산업평균지수는 0.17퍼센트, 나스닥종합지수는 0.28퍼센트,
S&P500지수는 0.04퍼센트 하락했다는 것이다. 더불어 투자자
들이 안전자산인 금과 엔화로 몰리고 있다는 내용도 있었다.

　장 마감 후 수정된 기사에는 2340선까지 무너졌던 코스피지
수가 기관들의 매수에 힘입어 '간신히' 2359선까지 회복했다고
썼다. 결국 이날 코스피는 0.39퍼센트 하락하는 것으로 마감
했다. 1.28퍼센트 하락이 '끝없이 떨어지는' 것이라면 그 후 0.89
퍼센트 상승한 것 역시 대단한 표현을 써야 맞다. 그러나 '간신
히'라는 표현으로 마무리했다.

궁금하다. 이 기자 혹은 언론사는 매도하고 있는 외국인들에게 "우리나라 주식을 왜 파세요? 혹시 북한 때문인가요?"라고 질문해봤을까? 기사에는 그런 내용이 없다. 뉴욕 증시에 대해서도 마찬가지다. 뉴욕 증시에 참여하고 있는 수많은 사람에게 북한 때문에 파는 거냐고 물어보기는 했을까? 역시 기사에는 그런 내용이 없다. 0.5퍼센트도 안 되는 하락의 원인을 북한 리스크라고 단정하는 배짱은 어디에서 나오는지 정말 궁금하다. 편의상 특정 날짜의 특정 기사를 예로 들어 설명했지만 이런 예는 얼마든지 있다.

북한과 함께 미국의 금리, 유럽, 중국, 외국인, 기관, 연기금 등은 지수 등락의 단골 원인이다. 언론과 애널리스트, 전문가, 증권사 등은 오전과 오후 시황을 정확하게 분석한다. 9시 이후, 몇 시간 지나지도 않았는데 세계 경제가 국내 증시에 미친 영향을 정확하게 분석한다. 지수가 떨어지면 부정적인 영향을 미쳤을 만한 일을 찾아내고 올라가면 긍정적인 영향을 미쳤을 만한 일을 찾아내면 된다. 뭔가 마땅한 것이 보이지 않으면 기대감이나 불안이라는 용어를 사용하면 만사형통이다. 몇 시간 새 변하는 외국인, 기관, 개인의 투자 심리를 마치 바로 곁에서 지켜본 양 알아낸다.

## 기업은 없고 지수만 있는
## 시황 분석의 문제점

지수의 등락은 상장된 모든 기업의 주가 등락의 총합이다. 어떤 기업에는 악재가, 또 어떤 기업에는 호재가 있었다. 어떤 기업은 대주주가 횡령을 했고 어떤 기업은 대주주가 주주친화 정책을 발표했다. 어떤 업종은 정부 정책의 수혜를 입게 되었고 어떤 업종은 정부의 규제가 강화되었다. 어떤 기업은 실적이 100퍼센트 성장했고 어떤 기업은 반 토막이 났다. 그 모든 일의 총합이 주가지수의 등락으로 나타난다. 즉 상장된 기업에 매기는 가치의 총합이 주가지수인 것이다. 이렇게 복잡한 것을 한두 가지 원인(그것도 별로 정확하지 않은)만 갖고 분석하는 것은 억지다. 배가 떨어졌다고 까마귀에게 모든 걸 덮어씌우는 것과 같다.

외국인과 기관의 매매를 원인으로 보는 것 역시 억지다. 수급은 주가에 직접적인 영향을 주고 외국인과 기관은 자본력이 크다. 이들의 매매에 따라 지수가 오르내리는 것도 맞다. 그러나 이것은 분석이라기보다 동어반복에 가깝다. 큰 자금력을 가진 쪽이 매수 버튼을 많이 누르면 주가는 상승하기 마련이다.

하락하는 혹은 상승하는 지수를 보면서 꿰맞추기 식으로 원인을 갖다 붙이는 일을 그만둬야 한다. 최소한 사실인 양 보도하지는 말아야 한다. 원인 분석이 의미가 있으려면 예측도 가능해야 한다. 예측이 되면 더 이상 말이 필요 없다. 본인들은 깨닫지 못하겠지만 세계 금융시장을 지배할 능력이 있음을 알려드린다.

나는 이미 오래 전에 코스피, 코스닥지수를 예측하는 일을 포기했다. 특별한 의미가 있는 줄도 모르겠다. 코스피지수 1만 포인트를 찍더라도 내가 투자한 기업이 하한가를 기록하면 무슨 의미가 있는가. 반대로 1,000포인트로 주저앉더라도 내가 투자한 기업이 우상향 곡선을 그리고 있다면 나는 성공적인 투자를 하고 있는 것이다. 주가는 그대로라도 기업의 본질 가치가 올라가고 있다면 그 역시 성공한 투자다.

시황 분석을 보면 기업은 없고 지수만 있는 것처럼 보인다. 파생상품에 투자한 사람은 지수에 관심이 있겠지만 기업에 투자한 사람은 지수에 큰 의미를 두지 않는다. 중요한 것은 파생상품이 아니라 기업이다. 언론은 사람들이 숫자에 현혹되지 않고 투자의 본질인 기업을 볼 수 있도록 도와줘야 한다.

코스피지수에 대한 호들갑도 그렇다. 우리나라 주식시장은 10대 대기업 집단의 시가총액이 전체의 50퍼센트를 넘는다. 지수에 미치는 영향이 너무 크다. 이를 두고 언론은 지수가 떨어졌다, 올랐다 하며 격앙된 어조로 말하지만 실상은 몇몇 기업의 주가 등락이 전부일 수 있다. 중형주 지수와 소형주 지수의 동향도 고려해서 보도해줬으면 한다.

또한 외국인이 빠져나간다고 호들갑을 떨기 전에 우리 자본시장에서 외국 자본이 차지하는 비중을 문제 삼았으면 좋겠다. 이것이 국내 증시가 외국인의 현금인출기라는 오명을 쓰고 있는 이유이기 때문이다. 외국인은 우리나라 시가총액의 3분의 1을 차지하고 있다. 왜 우리나라 사람들이 우리 기업에 투자하지 않는지, 무엇이 그것을 가로막고 있는지 짚어주는 것이 본질을 꿰뚫는 기사라고 생각한다. 부디 투자자들이 투자의 본질을 보면서 담대하게 투자할 수 환경을 만드는 데 도움을 주기 바란다.

# 전지전능한
# 전문가들

만사형통일 때 점쟁이를 찾는 사람은 없다. 대부분은 현재 어떤 일이 꼬일 때 점쟁이를 찾는다. 마음에 드는 말을 들을 때까지 점집 투어는 계속된다. 드디어 수긍할 만한 이유를 대는 점쟁이를 만난다. 억울하게 죽은 조상이 붙었다거나(일제강점기와 전쟁을 겪은 나라에서 억울하게 죽은 이가 어디 한둘일까?), 묘를 잘못 썼다거나(일찍 죽거나 왕위를 빼앗긴 조선의 왕들도 조상 묘를 잘못 쓴 탓일까?) 하는 원인으로 일이 꼬이는 거란다. 그러면서 부적을 쓰거나 굿을 하거나 묘를 옮기면 모든 일이 잘 풀릴 거라는 말을 덧붙인다.

　이쯤 되면 '이 점쟁이 참 용하다' 하는 감탄사가 절로 나온다. 대부분의 정보는 자기가 주었고 점쟁이는 자진 제공한 정보를 바탕으로 추론했을 뿐이라는 건 전혀 깨닫지 못한 채 점쟁이의 말을 철석같이 믿는다. 어쨌거나 듣고 싶은 말을 들었다는 게 중요할 뿐이다. 이왕 액운을 막는 비용을 쓸 거라면 강력하게 믿는 게 좋다. 그대로만 된다면 선거나 법은 필요하지 않다. 모든 국민이 만사형통할 수 있는 길이 열려 있지 않은가.

## 증권방송의 점쟁이식
## 종목 상담

이와 유사한 사태가 증권방송에서 버젓이 목격되고 있다. 투자가 꼬인 시청자가 전문가에게 전화로 상담을 받는다. 대부분 손실을 본 사람이다(수익이 많이 났는데 어떻게 하면 좋겠느냐고 묻는 사람은 거의 없다). 전문가는 먼저 꼬인 종목과 평균매수단가 그리고 비중을 묻는다. 이에 대한 답변을 듣고 해당 종목의 차트를 띄우면 이것으로 '종목 상담'을 위한 준비는 마무리된다. 천기누설의 용어는 그리 많지 않다.

'손실이 너무 크면 이미 늦었으니 그냥 보유, 손실이 적으면 일단 환매 후 시장 상황을 보면서 재매수. 장기적으로 본다면 일단 보유, 급하게 써야 할 자금이라면 매도. 얼마까지 올라가거나 내려가면 비중 축소, 손절가는 얼마.' 여기에 차트를 해석하는 전문용어 몇 개를 곁들여 알려주면 고맙다는 인사를 들을 수 있다.

자신하건대 나는 방송에 나오는 전문가들보다 더 많은 자산이 있고 이 자산은 누적된 투자수익의 결과다. 투자를 도와주는 직원들도 있다. 그런데도 나는 아는 종목이 몇 개 되지 않는다. 그런데 전문가들은 어떻게 즉석에서 종목 상담을 할 수 있을까. 2,000개 기업을 모두 알고 있는 걸까. 얼마가 되면 손절하라는 종목에 대해 다른 내담자가 '그 종목을 살까요, 말까요?' 묻는 일이 생긴다면 뭐라고 답할지가 제일 궁금하다.

손실이 크더라도 망할 기업이라면 매도해야 한다. 기업가치에 비해 주가가 낮고 자금 여력이 있다면 더 매수해야 한다. 많이 올랐더라도 아직 기업가치에 미치지 못한다면 매도할 까닭이 없다. 상담이라는 걸 진행하려면 기업을 알아야 한다는 말이다.


## '시청자님'에게 필요한 건
## 종목 상담이 아닌 기업 분석

사실 점쟁이식 종목 상담이라면 상담하지 못할 기업이 없다. 이 말은 곧 상담해주는 전문가들이 실은 어떤 정보도 제공하지 않는다는 것이다. 그저 곤란에 빠진 투자자가 자신이 듣고 싶은 말을 골라서 들을 뿐이다.

모든 종목을 상담해줄 정도라면 방송할 시간에 투자에 전념하는 편이 수익 면에서 훨씬 나을 것이다. 그런데 왜 그들은 굳이 방송에 나와 시간낭비를 하는 걸까. 방송사는 왜 무의미한 상담 프로그램을 계속 내보내는 걸까. 답변을 직접 듣지는 못했으나 추측은 할 수 있다. 전문가들은 종목을 추천해주고 수수료를 받는다. 회원을 모집하려면 일단 좀 유명해지고 신뢰감을 줘야 하는데 방송만한 게 없다. 방송 덕분에 유명해진 전문가들이 은혜를 잊을 리 없다. 회원 모집 광고를 함으로써 방송국에 신세를 갚는다. 회원들의 수수료를 놓고 상부상조하는 것이다.

종목 상담 프로그램 하나를 두고 증권방송 전체를 매도할 의사는 없다. 다만 즉석에서 문답 형식으로 진행하는 종목 상담만은 제발 없애라고 말하고 싶다. 대신 기업을 분석해주는 프로그램을 늘렸으면 좋겠다(이런 방송을 본 적이 있다). 미리 상담 신청을 받아 조사한 다음 전문가들이 기업을 설명해주는 것이다. 현재 이 기업의 상태는 어떤가, 이 기업과 이 기업이 속한 업종의 기회 요인과 위험 요인은 무엇인가, 재무상태는 어떠하며 대주주는 어떤 사람이며 주주들을 대하는 자세는 어떤가. 전문가로서 해줄 수 있는 말이 정말 많다. 가끔은 탄탄한 기업인데 주목받지 못하는 기업을 소개해주고, 그 소개를 거부하는 기업의 경우 어떤 속내가 있는지도 알려주면 좋겠다. 기업 이미지가 나빠지면 이미 투자한 투자자들이 싫어할 수 있다. 그러나 서로

폭탄 돌리기를 하는 것보다 밝혀서 개선하도록 하는 게 좋다.

'시청자님'이라는 이상한 극존칭을 쓰는 대신 실질적으로 그들에게 도움이 되는 프로그램을 만들어주기를 부탁하고 싶다.

# 주식시장의 천사들을
## 조심하라

어려운 가정형편 탓에 고등학교를 졸업하고 곧바로 취업해 몇 년간 일한 20대 여성이 있었다. 가난을 벗어나고 싶었던 그녀는 매년 200~300만 원을 복권을 사는 데 썼다. 그러나 꿈에서도 그리던 1등 당첨은 남의 이야기일 뿐이었다. 다른 방법을 찾던 그녀가 선택한 것은 주식투자였다. 복권을 사던 돈으로 주식을 샀고 2년 만에 50억 원의 수익을 냈다. 현재 그녀는 외제차 7대를 보유하고 있고 매일 차를 바꿔 타고 클럽을 오가는 생활을 하고 있다. 주식을 모르던 사람이 이처럼 막대한 수익을 올릴 수 있었던 비결은 무엇일까? 그녀는 특별한 노하우를 갖고 있는 투자정보 제공업체가 자신의 인생을 바꿔줬다고 고백했다.

또 다른 사례도 있다. 50대 후반에 퇴직한 그는 새로운 일을 찾지 못했다. 경비원이라도 해보려고 했지만 그마저도 쉽지 않았다. 그러다가 그는 주식을 떠올렸다. 2년 만에 35억 원이라는 수익을 올렸고 얼마 전에는 1년 가까이 호화 해외여행을 다녀왔다. 그는 지금 투자수익금으로 사업을 준비 중이다. 그 역시 투자정보 제공업체의 도움으로 제2의 인생을 시작하게 됐다고 말했다.

## 유사투자자문업자의
## 솔깃한(?) 투자 제안

솔깃한가? 인생을 바꿔주는 업체가 어디인지 궁금해지는가? 인터넷에서 아무 기사나 클릭한 후 좌우에 있는 많은 문장 중 부자, 몇십 억, 돈 등의 단어가 들어가 있는 기사(처럼 보이는 광고)를 클릭해 보라. 장담컨대 5분 안에 당신의 인생을 바꿔준다는 업체를 만나게 될 것이다. 이제 당신은 당신의 인생이 아니라 그들의 인생을 찬란하게 바꿔줄 준비가 되어 있다. 굳이 자세히 알려주지 않더라도 인터넷을 사용하는 사람이라면 누구나 몇 번쯤은 어떤 업체가 알려주는 정보대로 투자해서 수십억을 벌었다는 기사 형식의 광고를 본 적이 있을 것이다. 유사투자자문업자들이 돈을 들여 하는 광고들이다.

책을 쓰기 위해 나도 한 업체에 전화번호를 남겨봤다. 저녁에 남겼는데 다음날 아침 장이 열리기도 전에 문자가 오기 시작해 오후까지 7건의 종목 추천 문자가 왔다. 그중에는 '당신 참 답답하다. 무료로 주는 종목의 수익도 이만큼인데 유료로 추천해주는 종목은 얼마나 멋진 종목이겠는가. 내가 이렇게 기회를 주는데도 왜 우리에게 전화하지 않는 거냐?'라는 식의 내용도 있었다. 곧 대박 날 종목인데 유료 가입을 하면 알려주겠다는 내용도 있었다.

지인의 말로는 회원에게만 알려주는 정보를 제공받으려면 회비를 내야 하는데 월 회비가 30만 원에서 많게는 300만 원에 이른다고 한다. 월 회비 70~100만 원이 일반적이라고 하는데 100만 원을 내는 회원 100명만 확보해도 월 1억 원이 들어온다. 누가 누구에게 도움을 주고 있는 것일까?

잠깐만 생각해보자. 앞서 7대의 외제차를 가진 여성은 복권을 사던 200~300만 원으로 2년 동안 50억 원을 벌었다고 했다. 원금을 500만 원으로 잡더라도 1,000배로 불어난 것이다. 그녀를 재력가로 만들어준 업체의 사장이 같은 시기에 딱 1억 원만 투자했다면(정보를 제공해주기 전에 이미 투자의 귀재였기 때문에 많은 투자금은 아니다) 1,000억 원의 자금을 확보했을 것이다. 그런 사람이 자기 돈을 들여 광고를 하고 자기 시간을 들여 문자를 보내고 있다. 향후 2년 동안 같은 수익률을 거두면 100조 원의 거부가 될 텐데 도대체 왜 회원비 따위에 욕심을 내는 걸까?

## 탐욕을 내려놓고
## 상식적으로 생각해보자

이렇게 허술하고 허황된 이야기에 속는 사람이 과연 있을까 싶지만 그 피해가 만만치 않다. 김해영 의원이 금융감독원으로부터 제출 받은 자료에 의하면 2013~2017년까지 유사투자자문업과 관련한 불공정거래 부당이득이 210억 원이고, 같은 기간 유사투자자문업자의 수는 2배 이상 증가했다. 통계에 잡히지 않은 것까지 감안하면 피해액은 엄청날 것이다.

유사투자자문업은 통신매체를 이용해 불특정 다수에게 투자정보를 제공하는 것으로 금융위원회에 신고만 하면 누구나 영업을 시작할 수 있다. 이들은 인터넷 카페, 카카오톡, 네이버 밴드 등을 이용해 종목을 추천해주거나 신비한(?) 기술이 들어간 소프트웨어를 판매하는 방식으로 돈을 번다.

유사투자자문업은 불법이 아니다. 또한 그들 모두가 사기를 치고 있다고 말할 수는 없다. 그러나 광고를 하고 문자를 보내는 시간에 왜 자기 투자에 더 집중하지 않는지는 여전히 의문이다. 또 어떻게 그 많은 기업을 공부할 수 있는지도 의문이다.

이들의 광고를 실어주는 언론사들은 부끄러운 줄 알아야 한다. 심지어 유사투자자문업이 문제라는 기사 옆에도 그들의 광고가 반짝거리고 있었다. 언론사가 광고하는 모든 제품을 검증할 수는 없다. 그러나 제품의 성능이 떨어지는 정도가 아니라 대놓고 거짓말을 하고 있는데도 광고를 실어준다면 공범이나 다름없다. 조금만 알아보면 정체를 알 수 있는데도 전문가 혹은 투자의 귀재랍시고 방송에 출연시키는 방송사도 마찬가지다. 얼마 전 구속된 누구 역시 방송 출연을 기반으로 많은 사람에게 피해를 입혔다.

무엇보다 투자자들이 비상식적인 말에 현혹되지 말아야 한다. 그러나 여전히 현혹되는 사람들이 많은 것 같다. '100억 만들기'류의 카페가 늘어나고, 회원수 역시 늘어나고 있다. '혹시나 도움이 될 만한 정보가 없을까' 하고 문을 두드리면 텔레마케팅, 블로그, 단톡방, 문자메시지 등을 이용해 유혹한다.

그들은 유료회원 100명만 모으면 매월 1억 원을 벌 수 있다. 그러니 아무리 법적인 제재가 가해져도 완전히 뿌리 뽑지는 못할 것이다. 이를 관리·감독해야 할 금융당국의 역할이 아쉽지만 그 역시 한계는 있을 것 같다. 결국 투자자들이 이런 빤한 수작에 속지 않는 수밖에 없다. 상식적으로 말이 안 되는 이야기에 속아 상식적으로 말이 안 되는 수익을 기대해서는 안 된다. 5분 동안만 탐욕을 내려놓고 상식선에서 생각해보면 된다. 그러면 속지 않는다.

# 자본시장 활성화에
# 기여하라

몇 년간 '박스피'라고 불리던 코스피지수가 2017년부터 오르기 시작하더니 2018년 초에 사상 최고치를 갱신했다. 언론은 대단한 잔치라도 벌어진 양 떠들었지만 개인투자자 대부분은 그 잔치에 초대받지 못했다. 개미들은 담 너머로 들리는 흥겨운 노랫소리에 속이 아팠다. 이런 시장에서도 수익을 내지 못한 개인들이니 다른 때는 어땠을까? 굳이 답을 듣지 않아도 알 것 같다.

사실 개인투자자들이 실패하는 이유에 대해서는 합의가 거의 이뤄진 듯하다. '거름 지고 장에 가는 식으로 군중심리에 따라 투자한다, 저가주를 선호하며 대단한 한 방을 노린다, 단기간에 써야 할 돈으로 투자한다, 기업에 대한 공부는 하지 않고

남이 모르는 정보를 찾는다, 무리한 레버리지를 사용한다.'

나 역시 이 견해에 동의한다. 그래서 오래 전부터 농부처럼 투자하라고 당부해왔다.

'주식투자는 매매 게임이 아니다. 기업에 대한 투자다. 그러므로 투자하려는 기업에 대해 충분히 공부하라. 그래도 늦지 않다. 한 방을 노리다가는 한 방에 쪽박 찬다. 여유자금을 갖고 긴 안목으로 투자하라. 그리고 상식적인 수익을 기대하라.'

## 투자 실패에 대한 책임을
## 개인에게만 물을 수 있는가

강연회 등에서 사람들을 만나 보면 약간의 변화가 있는 것 같기도 하다. 하지만 여전히 대다수의 사람이 예전의 방식, 실패할 확률이 지극히 높은 방식으로 투자하고 있다. 개인투자자의 실패 이유를 짚어주는 기사가 심심찮게 나오는 걸 보면 그렇다. 앞에서도 누차 강조했지만 모든 투자의 책임은 본인이 져야 한다. 허위 공시에 속듯 사기를 당하기도 하지만, 거기에도 본인의 책임은 있다. 허위 공시에 넘어갔다는 건 그만큼 기업에 대한 관심을 기울이지 않았다는 증거다. 우량기업에서 허위 공시가 나올 리 없으니 말이다. 이쯤이면 개인투자자들의 책임을 충분히 물었다. 이전에 냈던 책들에서도 지겹도록 한 이야기다. 그래서 이번에는 질문의 방향을 바꿔보고자 한다.

그렇다 한들 이 모든 것이 오롯이 개인투자자들만의 잘못일까? 개인들이 시세차익에 목숨을 거는 데는 쥐꼬리 배당도 한몫을 한다. 단기투자를 하는 건 기업을, 정확히는 대주주를 신뢰하지 못한다는 이유도 있다. 불신의 이유는 불통이다. 주주총회에서도 동업자의 얼굴을 보지 못한다. 더욱이 기업이 기관에 조금 더 빨리 정보를 제공하는 사례가 전혀 없다고 할 수 있는가. 공시되지 않은 물밑 정보가 암암리에 떠도는 것이 엄연한 현실이다. 개미들은 그런 정보를 찾고 있는 것이다.

언론은 갑질에 관심이 많다. 운전기사나 종업원을 노예 대하듯 하는 사람들의 이야기는 자극적이다. 대학원생을 괴롭히는 교수의 갑질도 언론의 단골 소재다. 도대체 정상적인 사고를 하는 인간인지 궁금한 자들이다. 그 자들의 횡포와 피해자들의 처참하고 황당한 상황은 독자들로부터 즉각적인 반응을 얻는다. 갑질이라는 단어로는 부족한, 정신병적 행태에 대해서는 당연히 처벌이 있어야 하고 언론의 대서특필도 당연하다.

## 언론, 주식시장의 불합리에도
## 관심 기울여야

나는 언론들이 지위를 이용한 비인간적인 갑질만큼, 대주주의 소액주주에 대한 갑질에도 비슷한 관심을 보여주기를 기대한다.

때리지도 않았다. 욕한 것도 아니다. 더군다나 불법을 저지르지도 않았다. 그러나 사회에 주는 피해는 '충분히' 치명적이다. 불합리한 쥐꼬리 배당은 주주들에게 돌아가야 할 돈을 유보금이라는 이름으로 갈취하는 것이다. 합법적인 자회사를 통해 자식들에게 합법적인 범위 내에서 일감을 몰아주는 것 역시 갈취와 다르지 않다. 구중궁궐에서 대리인을 내세워 주주들을 상대하게 하는 것은 우리 사회의 상식을 깨는 일이다.

언론은 불법만을 다루지 않는다. 도덕적인 일탈 역시 중요한 보도 대상이다. 그런데 자본주의의 근간인 신뢰를 흔드는 '합법'에 대해서는 눈을 감고 있다. 오히려 대주주의 편에 서 있는 게 아닌가 싶은 때도 많다. 단언컨대 언론들이 비상식적인 합법을 집중적으로 때린다면 놀랍도록 많은 국회의원들이 놀랍도록 빠른 속도로 법안을 발의할 것이다.

우리나라는, 또한 독재국가가 아닌 다른 나라들도 언론의 자유를 보장하고 있다. 기자는 어떤 현상이나 사건에 대해 책임이 있는 사람이라면 그가 누가 되었든 질문할 권리가 있다. 모든 정부기관은 기자의 질문에 답해야 할 의무를 가진다. 기업도 기자의 질문을 피해갈 수 없다. 답을 하지 않을 수 있으나 그것만으로도 비판의 대상이 된다. 이 막대한 권한은 우리 사회가 언론에 빌려준 것이다. 그래서 신문에 광고를 하지 않는, 종이 값도 안 되는 구독료만 지불하는, 심지어 인터넷으로 돈 한 푼 내지 않고 기사를 보는 독자들의 눈과 귀가 될 의무가 있다.

주식시장에 한정해서 말하면, 개인투자자들에게 투자에 대한 합당한 대가가 돌아가는 구조에 관심을 기울여야 할 의무가 있다. 기업, 금융당국, 국회에 왜 개인투자자들이 불합리한 피해를 보는 구조가 유지되고 있는지 물어야 한다. 뉴스는 구성된 사실이라고 한다. 보도된 것이 사실이라도 보도되지 않은 것이 더 중요하고 본질적인 것이라면 거짓말이나 다름없다.

나는 우리나라가 기업에 투자하는 것이 당연한 나라가 되기를 바란다. 또한 자본시장이 서민의 희망이 되기를 바란다. 개미라고 불리는 사람들이 담대한 투자자가 되기를 바란다. 투자한 기업에 악재가 있을 때 불안에 못 이겨 매도하는 것이 아니라 "몇 년째 주주총회에서 경영자를 봤는데 이 정도는 얼마든지 이겨낼 수 있는 사람이야"라고 말할 수 있게 되기를, 누군가 은밀한 정보로 유혹해도 "그건 불법이야"라고 말할 수 있게 되기를 바란다. 그렇게 기업의 성과를 공유하는 사람이 더욱 많아지기를 바란다.

언론은 힘이 세다. 단기간에는 어렵겠지만 주식시장의 불합리한 구조를 의제로 설정한다면 자본시장이 서민의 희망이 되는 날이 생각보다 빨리 찾아오리라 생각한다.

6장

독자들을 위한
제언

# 돈 걱정 말고
# 돈 생각을 하게 하라

'땡그랑 한 푼, 땡그랑 두 푼, 벙어리 저금통이 아이고 무거워.' 이렇게 시작하는 조금 오래된 동요가 있다(이제 벙어리라는 말을 쓰면 안 된다. 올바른 표현이 아니다). 이 노래처럼 예전에는 빨간 돼지 저금통이 집집마다 하나씩 있었다. 처음 동전을 넣을 때는 저금통을 꽉 채우는 것을 목표로 삼았겠지만 '아이고' 소리가 나올 만큼 무거워지는 일은 많지 않았다. 커터칼 하나면 아직 다 자라지 않은 돼지를 얼마든지 잡을 수 있었고 그 유혹은 컸다. 이 노래는 이렇게 끝난다.

'하하하하 우리는 착한 어린이, 아껴 쓰며 저축하는 알뜰한 어린이.'

알뜰하게 아껴 저축을 하면 부자가 되는 게 아니라 '착한 어린이'가 된다는 결론은 요즘 기준으로 보면 참 엉뚱하다. 저축을 권장하는 사회였고 당당하게 권장할 만큼 이자도 높았다. 1980년대 초반까지만 해도 은행 이자율은 18퍼센트 수준이었고 후반에도 15퍼센트 정도는 되었다. 높은 안정성을 감안하면 전 국민이 워런 버핏보다 나은 투자 수단을 가졌던 셈이다. 요즘의 저축은 많이 달라졌다. 장점이라고 해봤자 돈을 안전하게 보관하고 어디서나 편리하게 인출할 수 있다는 정도이고, 그냥 금고보다 조금 나은 수준이라고 보면 딱 맞다.

## 댁의 자녀는
## 경제교육 하고 있습니까

세상은 이렇게 달라졌는데 부모들이 자식들에게 알려주는 돈에 대한 태도는 여전히 '알뜰살뜰'에 머물러 있는 것 같다. '불필요한 물건은 사지 않도록 한다, 브랜드보다는 제품의 기능을 보고 구매하도록 권한다, 매주 용돈을 줌으로써 지출 계획을 스스로 짜게 한다.'

딱 이 정도 수준이다. 물론 돈을 아껴 쓰고 계획성 있게 지출하는 것은 중요하다. 하지만 이것만으로는 부족하다. 동요를 부를 나이가 되었을 때부터 경제교육을 해야 한다.

우리는 자본주의사회에 살고 있다. 내 자식들과 마찬가지로 당신의 자녀도 자본주의사회에서 삶을 꾸려갈 것이다. 자본주의사회에서 경제적 풍요를 누리면서 살려면 자본주의를 잘 이해하고 활용할줄 알아야 하고, 그 방법을 제시해주는 것이 경제교육이다. 나는 당신과 당신의 자녀가 자본주의를 얼마나 이해하고 있는지 묻고 싶다.

우리는 교과서에서 자본주의를 배웠다. 배우긴 했는데 고등학교에서 수박 겉핥기로 배운 정도다. 책 몇 권 읽었다는 사람들 역시 수박에 대한 논평은 할 수 있을지언정 달디 단 과육을 맛보지는 못했다. 자본주의를 체험하지 못했을 뿐더러 제대로 활용할 줄도 모르기 때문이다. 한국의 가정교육은 아이들이 오히려 자본주의의 혜택에서 멀어지도록 유도한다. 자본주의에 대해 모르거나 이론적으로만 아는 부모들은 그저 "학교 공부를 열심히 하면 잘살 수 있다"라고 가르칠 뿐이다. 전국의 경쟁자 중 상위 몇 퍼센트 안에 들어야 단지 월급만으로 잘살 수 있는 곳에서 일할 수 있게 되는지는 비밀이다.

## 일상에 스며든
## 자본주의의 원리를 깨우치게 하라

자본주의를 이해하게 하는 경제교육을 해야 한다고 할 때 당신

머릿속에 떠오르는 방법은 무엇인가? 두꺼운 책이나 학원을 떠올릴 법하다. 그러나 경제교육은 결국 우리가 살고 있는 세상에 대한 이해이니 너무 어렵게 생각할 건 없다. 자본주의는 우리 경제의 기본 시스템이고 그 시스템 안에서 가계, 기업, 국가라는 3요소가 서로 어우러지며 작동하고 있다. 그중 핵심이 기업이다. 그러니 기업의 원리를 아는 것이 곧 자본주의를 이해하는 것이라고 해도 무방하다.

대부분의 사람들이 이미 알고 있을 것이다. 기업을 이해하는 가장 확실한 방법이 바로 투자라는 사실을 말이다. 예를 들어 초등학교 저학년 자녀를 두고 있다고 하자. 아이가 간절하게 원하는 장난감을 그냥 사줄 수도 있다. 하지만 장난감이 어떻게 생산되어 어떤 과정을 거쳐 여기에 진열되었는지를 함께 공부해볼 수 있다. 해당 장난감 회사가 상장되어 있다면 금상첨화다. 자녀 명의의 계좌를 개설해 몇 주를 사준다. 그런 뒤 장난감을 사는 행위와 주식의 관계를 설명해줄 수 있을 것이다. 중·고등학생이라면 온라인 PC게임이나 모바일게임을 만드는 회사의 주식을 사주면서 게임을 하는 행위와 기업이 수익을 내는 방법에 대해 함께 공부해볼 수 있다.

저녁 밥상의 주제가 늘 수학성적일 필요는 없다. 그보다는 틈만 나면 친구들과 PC방으로 달려가는 고딩 자녀에게 요즘 신작 게임에 대한 평가를 들어보는 게 훨씬 생산적이지 않을까.

한창 예뻐지느라 바쁜 중학생 딸에게 인기 있는 화장품을 물어볼 수도 있을 것이다.

"요즘 너희 회사 화장품 어떠니?" "너희 회사 신작 게임 잘 나왔어?" "아이디어 있으면 주주제안 좀 하지 그래."

단순한 소비자에서 기업의 주인으로서 장난감, 화장품, 게임을 생각해보게 할 수 있다. 최소한 청소년의 화장을, PC방을 사회악으로 여기게 하는 것보다는 훨씬 낫다. 조금 조심스럽게 말하자면 공부를 잘하는 것보다 기업을 잘 아는 사람이 부자가 될 가능성이 훨씬 높다. 어렸을 때 기업을 통해 자본주의를 이해하고 직장생활을 하면서부터 기업의 성과를 함께 나눈다면 적어도 당신의 자녀는 돈 걱정에서 벗어난 삶을 살게 될 것이다.

# 백마 타고 오는
# 초인은 없다

억울하게 범죄자로 몰린 두 사람이 있다. 두 사람은 서로를 모른다. 길을 알려주고 있었는데 갑자기 경찰들이 들이닥쳐 현행범이라며 체포했다. 공교롭게도 그들이 서 있던 주택가 골목과 가까운 곳에서 절도사건이 발생한 것이다.

두 사람은 각자 독방에 수감됐다. 경찰이 들어와 제안을 한다. 만약 저쪽 방에 있는 사람이 범행하는 걸 목격했고 당신은 우연히 근처를 지나가는 중이었다고 진술하면 곧바로 풀어주겠다는 것이다. 그리고 같은 제안을 저쪽에도 했다고 알려준다. 그 자리에 있다고 상상해 보라. 과연 어떻게 말해야 할까?

'나는 그 사건과 관련이 없고 그 사람이 누구인지 모른다'가 사실에 맞는 진술이다. 하지만 그렇게 말하려니 불안하다. 그는 상대방이 누군지 모른다. 어쩌면 진짜 도둑일 수도 있다. 그러면 그 도둑은 틀림없이 내가 범인이라고 말할 것이다. 도둑이 아니더라도 빨리 누명을 벗기 위해 거짓말을 할지도 모른다. 사실대로 말하면 단독범행이 되고 그의 범행을 목격했다고 말했는데 저쪽도 똑같이 말한다면 영락없는 공범이다.

억울한 두 사람이 한 방에서 서로 얼굴을 마주하고 진술했다면 어땠을까? 모르긴 몰라도 그렇게 복잡한 마음이 들지는 않았을 것이다. 만일 두 사람이 서로를 오래 전부터 아는 사이였다면 어땠을까? 그러면 불안해할 필요도 없이 명쾌하게 진술을 끝냈을 것이다.

## 죄수의 딜레마에 빠진 개인투자자들

'죄수의 딜레마'를 살짝 수정해봤다. 죄수의 딜레마는 서로 협력할 때 가장 좋은 결론을 얻을 수 있는데도 상대방을 믿지 못해 양쪽 모두 불리한 결과를 맞게 된다는, 협력과 갈등에 관한 게임이론이다. 실제로는 범죄를 저질렀다고 추정되나 아직 확인은 되지 않은 두 명의 용의자로부터 자백을 받아내는 데 쓰였고, 그 뒤 '죄수의 딜레마'로 불리게 되었다.

원래의 설정을 억울한 누명을 쓴 두 명으로 수정한 이유는 우리 개인투자자들의 처지가 그래서다. 같은 기업의 주주라도 우리는 각자의 '독방'에 앉아 있다. 혼자 있는 우리는 무기력하다. 기껏 해야 종목 게시판에 글을 남기는 정도인데 그마저도 한데 힘을 모으려는 내용보다 서로를 비난하는 내용이 더 많다. 내게는 큰돈이지만 기업 전체로 보면 미미한 지분이니 목소리를 내기도 쉽지 않다. 전업투자자로서 10퍼센트 이상의 지분을 보유하고 있는 나 역시 대주주 앞에서는 왠지 작아지는 느낌이 드는 게 현실이다. 그렇다면 아예 방법이 없을까?

상장사는 의무적으로 주주 게시판을 개설하고 주주가 질문을 올리면 주식담당자로 하여금 답글을 달게 한다. 이때 자주 묻는 질문을 따로 정리해두면 업무 과부하도 없을 것이고 투자자들에게도 용이할 것 같다. 이밖에도 인터넷 카페, 정기적인 오프라인 모임 등 소소한 아이디어가 떠오르긴 하지만 그것이 해결의 실마리가 될 수 있을지 의문이다.


**개인투자자들이
불합리한 증시 구조를 바꾸려면**

나는 지금 우리 모두에게 아이디어를 구하고 있다. 작지만 모으면 큰 힘이 되는 각자의 지분을 쉽고 효과적으로 모을 수 있는 방법은 무엇일까? 투자자이자 유권자로서의 힘을 보여줄 수 있는 방법은 없을까? 앞서 제안한 제도 개선에 동의한다면, 그것이 제도 개선으로 이어지게 할 방법은 무엇일까?

함께 아이디어를 찾기 전에 먼저 해야 할 일은 개인투자자들이 도박판에서 자리를 털고 일어나는 것이다. 기업의 성장과 합리적인 수준의 배당에 따른 기업가치의 상승보다는 시세차익만 남기면 그만이라는 생각이 여전히 팽배하다. 약자들끼리 서로를 등쳐먹으려고 아등바등해봐야 열에 아홉은 패자가 될 뿐이다. 승자였던 나머지 한 명도 다른 도박판에서 아홉 명 중 하나가 된다.

한몫 챙기자는 마음보다 내 회사라는 주인의식이 필요하다. 투자는 기업과의 동행이라는 의식이 필요하다. 은밀한 정보보다는 기업 그 자체의 가치를 보는 눈이 필요하다. 공포와 탐욕에서 벗어나 위기 이후를 보는 혜안이 필요하다. 우리가 도박판에 머물고 있는 한 불합리한 증시 구조는 바뀌지 않는다.

다수가 상식보다 높은 수익, 즉 비상적인 수익을 거두려고 하는 바람에 당연히 얻었어야 할 상식적인 수준의 수익조차 거두지 못하고 있다. 기업가치를 의도적으로 낮추려고 하고 소주주들을 호구로 생각하는 대주주, 소주주들의 재산을 갖은 방법으로 빼돌리는 것이 합법인 제도, 조직적인 금융범죄에 대한 솜방망이 처벌 등 비상식적인 구조가 개선되지 않으면 우리의 투자는 지뢰밭을 걷는 것과 같다. 이 지뢰들을 걷어낼 수 있다면 우리의 투자는 훨씬 더 평온해질 것이다. 기관과 외국인의 눈치를 보지 않고 기업의 미래에 집중할 수 있을 것이며, 비로소 자본시장이 서민들의 명실상부한 희망이 될 것이다.

백마 타고 오는 초인은 없다. 먼저 우리 투자자들이 주식투자에 대한 올바르고 상식적인 개념을 정립하고 이를 주위에 전해야 한다. 주식투자가 도박이라고 생각하는 사람이 많은 건 주식투자가 정말 도박이어서가 아니라 도박의 요소를 줄여나가지 못했기 때문이다. 그리고 우리는 여론을 만들어서 압박해야 한다. 하다못해 욕설이 오가는 종목 게시판에서라도 상식을 말해야 한다.

다시 죄수의 딜레마다. 우리는 이기심의 골방에서 나와야 한다. 서로 소통하면서 아이디어를 모은다면 변화의 시작을 만들어낼 수 있을 것이라 믿는다.

# 주식농부가 제안하는
## 농심투자의 원칙

나는 투자의 비결을 묻는 사람들에게 늘 이렇게 답한다. 농부의 마음으로 농부처럼 투자하라고. 간단한 말로 '농심투자'다. 그러나 논밭 근처에도 가보지 않은 사람이 하루아침에 농부 흉내를 낸다는 것도 쉬운 일은 아니다. 그래서 투자를 하기에 앞서 반드시 알아야 할 원칙 몇 가지를 소개하려고 한다. 앞에서 이미 강조한 이야기도 있지만, 책 내용 전부는 아니더라도 이 정도만큼은 꼭 기억해줬으면 좋겠다. 투자를 잘하고 싶은 당신에게는 물론 우리의 기업, 나아가 우리 사회에 좋은 영향을 미칠 것이다.

## 자본시장이
## 당신의 희망임을 잊지 마라

여전히 자본시장이 당신의 희망이라는 명제는 낯설 것이다. 신자유주의에 기반한 자본주의는 서민의 가벼운 지갑까지 털어가는 악랄한 제도라고 생각할지도 모른다. 자본주의는 완벽한 제도가 아니다. 거기에서 비롯되는 부작용을 감싸는 따뜻한 자본주의로 가야 한다는 데는 나도 동의한다. 중요한 건 따뜻한 자본주의로 가는 과정이든, 간 이후든 우리는 자본주의 사회에서 살아간다는 사실이다. 그러므로 최소한 돈과 관련된 희망은 자본주의에서 찾아야 한다.

정년이 보장되고 검소하게 살면 노후를 걱정하지 않아도 되고 부모 봉양이 당연하던 시절에는 투자는 어디까지나 선택의 대상이었다. 가계의 부와 기업의 부가 비슷하게 성장하던 시기에도 투자는 선택의 문제였다. 그러나 지금은 다르다. 일할 수 있는 기간은 짧아지고 노후는 길어졌다. 부모 봉양은커녕 성인이 된 자녀를 봉양하는 부모가 더 많은 것 같다. 앞으로의 수입과 지출, 여기에 소득 없이 보내야 하는 긴 노후에 쓸 자금까지 계산했을 때 만족할 만한 수준의 계획이 나온다면 할 말이 없다. 하지만 계획 자체가 서지 않는다면 길을 찾아야 한다.

투자가 선택의 문제가 아니라 반드시 해야 하는 일이라면, 단기간이 아니라 평생 투자자로서 살아야 한다면 자본시장을 대하는 태도가 달라질 수밖에 없다. 돈이 될까 싶어 그냥 한번 해보는 사람과 수업료를 치르더라도 어쨌든 투자를 해야 한다는 것을 아는 사람의 차이는 크다.

당신의 돈은 좀 더 효율적으로 일해야 한다. 지금 가장 효율적으로 돈을 버는 곳은 기업이다. IMF 이후 모든 돈이 기업으로 몰리고 있다. 그렇다면 당신의 돈이 일할 곳은 정해져 있다. 바로 기업이다. 그렇다고 모든 기업이 효율적으로 돈을 버는 것은 아니다. 제대로 일하게 하면 자본시장은 당신의 희망이 되지만 어설프게 뛰어들면 악몽이 된다. 돈이 당신의 일꾼이라는 것을 알았다면, 돈을 당신을 일꾼으로 쓰겠다고 선택했다면 투자하지 않고 지냈던 시간이 억울하더라도 서두르지 말아야 한다. 서두르지 않아도 우리의 투자를 기다리는 기업들은 늘 거기에 있다. 이제부터라도 자본주의에 이리저리 치이는 인생이 아닌 자본주의를 잘 이용하는 인생을 살기 바란다. 그러자면 뭘 좀 알아야 하고 깊이 공부해야 한다.

## 오늘의 위기는
## 내일의 기회가 된다

뭔가 위기의 징후가 나타나면 이번에는 다를 것 같다. 전에는 도저히 이겨낼 수 없는 재앙인 것처럼 보였다. 그도 그럴 것이

지나간 경제 기사를 뒤져보면 위기, 불안, 우려 등의 제목이 달린 기사가 압도적으로 많다. 그래도 우리는 여기까지 왔다. 과거의 위기가 오늘까지 오는 과정이었다면 오늘의 위기도 미래로 가는 과정이다. 우리의 삶은 지속된다.

그러니 위기가 온다고 할 때마다(거의 매주 오는 것 같기도 하다) 불안해할 필요가 없다. 딱 올해까지만 투자를 하고 내년부터는 하지 않을 거라면 몰라도 노후에도 기업과 동행하는 삶을 살 거라면 출렁이는 파도를 담담하게 지켜볼 수 있다. 단순히 지켜보기만 하는 게 아니라 즐길 수 있다. 하나의 기업에 최소한 4~5년을 투자한다면 사람들이 재앙이라고 부르는 거친 파도가 잔물결처럼 보일 것이다.


## 투자의 기회는
## 우리 일상 속에 숨어 있다

많은 사람이 투자할 기업을 너무 어렵게 혹은 너무 쉽게 찾으려고 한다.

어렵게 찾으려고 하는 사람들은 성공적인 투자를 하려면 뭔가 특별한 노하우가 있어야 한다고 생각하는 것 같다. 하지만 그러면 투자할 기업을 평생 찾지 못할지도 모른다. 너무 쉽게 찾으려 하는 사람들은 HTS에서 찾는다. 이평선, 신고가, 볼린저

밴드 등 주가와 거래량의 지표만으로 투자할 기업을 고른다. 기업이라는 실체의 그림자를 보고 투자하는 것이니 불안이 떠나지 않는다.

관심을 가지지 않으면, 알지 못하면 눈앞에 있어도 보지 못하는 것이 사람이다. 기업은 우리 삶의 터전이다. 기업에서 생산된 제품들이 우리의 생활 기반을 만들어준다. 기업이 만든 아파트에서 잠을 자고 기업이 만든 옷을 입고 기업이 만든 차를 타고 기업으로 출근을 한다. 아파트 하나에만도 건설사가 있고 콘크리트 생산 기업이 있고 철근을 생산하는 기업이 있고 승강기를 만드는 기업이 있고 승강기를 지탱하는 와이어를 만드는 기업이 있다. 세부적으로 들어가면 셀 수 없을 만큼 많다.

투자는 새로운 세계로 들어가야 하는 것이 아니다. 늘 주변에 있었는데도 우리가 알지 못해서, 관심을 가지지 않아서, 습관적으로 지나쳐서 보지 못한 일상의 물건들에서 투자의 기회가 발견된다. 작정하고 찾는다면 오늘 하루에도 상장사의 숫자보다 더 많은 기업을 만날 수 있다. 그것들을 연결시키는 끈을 발견한다면 그것이 바로 투자의 기회다.

당신이 읽고 있는 이 책에 대해 생각해보자. 이 책의 구성 요소는 무엇인가? 이 책이 만들어지기까지 어떤 기업들이 연관되어 있는가? 종이, 잉크, 인쇄, 서점, 출판사 등이 있다. 이런 식으로 기업을 찾아나가면 투자의 기회는 바로 당신 등 뒤에 있다.

덧붙여, 주식과 관련한 말을 바꿔보기를 권한다. 나 역시 편의상 주식투자라고 하지만 '기업에 대한 투자'가 올바른 표현이다. '종목을 발굴한다'가 아니라 '동행할 기업을 찾는다'는 말이 사실에 가까운 표현이다. 말이 바뀌면 생각이 바뀐다. 투자에 대한 잘못된 생각을 바꿔야 성공적인 투자를 할 수 있다.

## 삶의 터전과
## 밀접한 기업을 잡아라

기업의 존재 이유는 우리가 생활하는 데 필요한 것들을 제공하는 데 있다. 이윤은 필요한 것들을 잘 만들어서 잘 판매한 대가다. 어떤 기업이 생산한 제품이 정말 품질이 좋고 가격도 저렴하더라도 필요로 하는 사람이 점점 줄어들고 있다면 투자하기 좋은 기업이 아니다. 정말 디자인이 예쁘고 성능이 뛰어난 무선호출기를 만들어봐야 아무도 사지 않는다. 제아무리 물건을 잘 만들어도 업종 자체가 사양길에 접어들고 있다면 달리 방법이 없다.

직업이 사라지듯 업종도 시간이 지나면 사라진다. 철보다 강하고 가격도 저렴한 어떤 물질이 개발된다면 철강업은 사라질 것이다. 그러나 그것은 먼 미래의 일이다. 투자자에게 필요한 미래는 향후 5년 정도다. 그러니 기억해야 할 것은 하나다. 5년 후에도 여전히 우리 사회가 필요로 하는 물건을 만들고 있을 기업인가.

단순히 상상만으로 '이게 어디 쉽게 사라지겠어?'라고 단정하지 말고 전문가들의 견해를 들어볼 필요가 있다. 본인이 해당 업종에서 일하고 있거나, 투자를 시작하기 전에 이미 관심이 있던 분야라면 더 좋다. 그러면 해당 업종이 어떻게 돌아가는지 알기 쉽고 개별 기업의 장단점도 파악하기 쉽다. 해당 업종과 개별 기업을 명쾌하게 이해한다면 투자할 기업의 현재와 미래를 내다볼 수 있다. 투자자에게 이보다 더 중요한 정보는 없다.

## 손바닥 보듯이
## 단순하고 훤하게 보여야 한다

'최근 BW를 발행한 적이 있다. 작년에 비해 재고자산이 늘었다. 매출은 늘었는데 이익은 줄었다. 자회사가 많다.'

기업을 알아가는 과정에서 이 같은 사실을 발견했다면 이는 긍정적인 신호일까, 부정적인 신호일까? 이것만 가지고는 판단할 수 없다. 잦은 BW 발행은 위험 신호임에 분명하다. 그러나 사업 확장을 위한 것이고 그것이 타당하다면 좋은 신호다. 올해 팔아야 할 것을 팔지 못해도 재고자산이 증가하지만 내년에 많이 팔릴 것을 대비할 때도 재고자산은 증가한다. 기술개발에 자금을 투자하면 이익은 줄어든다. 원자재 가격이 상승해도 그렇다. 반면 장사가 되지 않아서 헐값에 넘겨도 이익은 줄어든다. 이 역시 이것만 봐서는 알 수 없다. 부실한 자회사가 끼어 있으면 위험이 늘어나지만, 튼실한 자회사들이고 모회사와의 관계가 투명하다면 문제가 되지 않는다. 단편적인 사실 하나로 좋고 나쁨을 판단할 수 없다는 얘기다.

그렇다면 기업에 대한 공부는 어느 수준까지 해야 하는가. 남들은 너무 복잡하다고 하는 것을 아주 간결하게 정리할 수 있는 수준까지 공부하면 된다. 그래야만 해당 기업의 가치를 제대로 판단할 수 있다. 그리고 소문에, 외부적인 요인에 흔들리지 말아야 한다. 그래야만 호재와 악재도 단번에 구별해낼 수 있다.

또한 돈을 투자하기 전에 먼저 시간과 에너지를 투자해야 한다. 공시를 꼼꼼하게 읽고 몇 년치 재무제표를 들여다봐야 한다. 경쟁업체와 비교도 해야 하고 애널리스트의 평가가 어떤지도 봐야 한다. 수학공부를 열심히 한 학생에게 미적분은 간단한 문제지만 수학을 포기한 학생에게 미적분은 암호문이다. 해당 기업에 암호가 남아 있다면 아직은 투자할 때가 아니다.

## 신뢰할 수 있는
## 경영자를 선택하라

당신이 직장인이라면 일상생활에서 만나면 기업의 경영자는 당신에게 갑으로 나타날 수 있다. 그러나 투자자라면 당신이 갑이 될 수 있다. 동업자를 구하고 해고하는 모든 결정권은 투자자에게 있다. 결정권을 가진 사람으로서의 여유를 마음껏 누려보라.

우리는 그가 경영자의 자리에 앉은 이후의 성적표를 재무제표와 공시 그리고 뉴스를 통해 볼 수 있다. 그의 과거 행적을 찾아볼 수도 있고 주총에서의 태도를 보고, 배당 정책을 보고 동업자인 우리를 어떻게 생각하는지 알 수 있다. 마음에 들지 않으면 아예 동업자로 선택하지 않을 수 있고 선택했더라도 언제든지 동업자 자리에서 해고할 수 있다.

한 기업에서 경영자의 자리는 너무나 중요하다. 무능한 경영자, 잘못된 결정을 내리는 경영자는 우량한 기업을 몇 년 이내에 부실한 기업으로 만든다. 부도덕한 경영자는 동업자인 주주들의 재산을 빼돌린다. 경영자의 정체가 사기꾼인지, 무능력자인지, 기업가정신을 가진 사람인지 모르고 투자한다면 동업이 아니다. 위험하고 무모한 도박일 뿐이다.

## 사실과 기대를
## 구별하라

우리는 도인이 아니다. 여러분은 투자를 하는 동안 흔들릴 것이다. 이 사실을 미리 아는 것이 중요하다. 불안과 공포 그리고 탐욕은 수시로 문을 두드릴 것이다. 관심을 가졌던 다른 기업의 주가가 상승하면 투자를 철회하고 싶을 것이다. 오랜 공부와 동행을 통해 기업과 경영자를 신뢰하더라도 내적, 외적 악재가 터지면 의심이 생길 수 있다. 그 의심이 불안으로 바뀌면, 머지않아 매도 버튼을 누르고 있는 자신을 발견하게 될 것이다. 그렇다면 아직 신뢰할 수 있다는 걸 어떻게 판단할 수 있을까? 무엇 때문에 투자를 결정했는지를 되짚어보면 된다. 해당 기업과 동행하기로 했을 때, 신뢰를 준 요인들이 있을 것이다(없다면 투기를 한 것이다). 그것들이 그대로 유지되고 있다면 계속 신뢰해도 된다. 하지만 어떤 신뢰의 요소가 사라졌다면 다시 판단해야 한다.

이때 우리는 사실과 기대를 구별할 수 있어야 한다. 예를 들어 3년 동안 투자를 했고 현재 일정 부분 손실이 발생했다. 3년 동안의 기회비용과 손실이 판단력을 흐리게 할 수 있다. 아직 투자하지 않은 기업을 보는 것처럼 냉정하게 판단해야 한다. 분명 좋지 않은 상황인데 '그래도 동업자가 알아서 하겠지'라고 생각하는 것은 주인의 자리를 내주는 것이다.

## 동행할 기업 5개면
## 노후가 편안하다

우리는 노후를 위해서 살지 않는다. 언제나 현재의 삶이 가장 중요하다. 그러나 미래가 불안하다면 현재의 삶도 평안할 수 없다. 노후에 대한 대비는 그날이 현재가 되었을 때 유용하지만 현재를 행복하게 살기 위해서도 필요하다는 것이다.

행복한 노후의 조건은 무엇인가? 기준은 사람마다 다를 것이다. 아직 노후를 겪어보지 못했으니 확실하게 알 수 없지만 내 기준으로 보면 우선 외롭지 않아야 할 것 같다. 혼자 있어도 외롭지 않은 경지에 이르렀다면 몰라도 주위에 온기를 나누며 대화할 사람이 있어야 한다. 가깝게는 가족과 오랜 벗이 있어야 하고 동호회 같은 사회적 관계가 있으면 더욱 좋겠다.

건강도 빼놓을 수 없다. 질병의 고통에 시달리고, 체력이 약해 혼자서는 집을 나서기도 힘들고, 입맛이 없어 좋은 음식을 먹어도 맛있는 줄 모른다면 행복과는 거리가 있을 것 같다. 노후의 건강은 지금부터 잘 관리해야 하지만 어찌 되었든 현대의학의 힘을 빌려야 할 것이다.

가족, 친구, 사회적 관계, 건강. 그런데 이 모든 행복한 노후의 조건을 유지하려면 돈이 있어야 한다. 돈이 있다고 반드시 노후가 행복하다고 말할 수는 없다. 그러나 돈이 없으면 이 조건들을 유지하기 어렵다. 그래서 나는 행복한 노후의 조건에 '5개 기업과의 동행'을 추가해야 한다고 말한다. 이 기업들과 동행하면서 성장의 과실을 공유한다면 행복한 노후의 전제 조건은 갖출 수 있다. 불안한 노후 대신 기대되는 노후가 있다면 현재의 삶도 좀 더 행복에 가까워지리라 생각한다. 이를 위해 자본시장을 희망의 도구로 이용할 수 있기를 바란다.

# 그래도 자본시장이
# 서민의 희망이다

많은 이가 내게 묻는다. 그 정도 자산을 가졌으면 상당 부분을 팔아서 현금화하는 게 좋지 않겠느냐고. 절반만 팔아서 그냥 은행에 넣어두고 꺼내 써도 손자들까지는 돈 걱정하지 않고 살 수 있지 않겠느냐고. 그게 위험한 주식시장에 전 재산을 투자하는 것보다 훨씬 안전하지 않느냐고.

그런 생각이 바람처럼 스칠 때가 있다. 기업이 좋아지는 길이 보여서 힘들게 주주제안까지 했는데 묵묵부답일 때, 대주주가 오로지 자기 이익만을 위해 기업을 경영할 때, 비상식적인 합법이 아무렇지 않게 벌어질 때는 그냥 현금을 두둑하게 쌓아놓고 편하게 지낼까 하는 마음이 생기기도 한다. 전업투자자라는 직함을 버리고 자산의 극히 일부만 투자하면서 한가하게 지내는 '한량 투자자'로 살고 싶을 때도 있다.

사람들은 나를 일컬어 주식투자로 돈을 번 사람이라고 말하고, 나 역시 그렇게 말할 때가 있다. 하지만 엄밀하게 말하면 나는 주식에 투자하지 않았다. 나는 기업에 투자했고 그 덕분에 부자가 될 수 있었다. 그래서 기업에 투자하는 것을 의무이자 보람으로 여긴다. 물론 수익이 나면 기분이 좋고 손실이 나면 속이 쓰리다. 그러나 수익을 투자의 유일한 이유로 여기지 않는다. 우리 기업에 투자를 해줌으로써 경제발전에 기여하고 기업의 성과를 공유하자는 것이 내가 투자를 하는 이유이자 사람들에게 투자를 권하는 이유다.

책을 쓰는 내내 걱정했다. 좋은 이야기는 하나도 없고 온통 주식시장의 불합리하고 비상식적인 점들만 거론했다. 개인투자자들에게 불리한 환경을 지적했다. 대주주의 횡포를 말했고 견제할 길이 막막한 개인투자자의 답답함을 말했다.

'역시 주식시장은 나 같은 개미가 있을 곳이 아니었어.'

'역시 주식시장은 소문에 듣던 대로 개미지옥이 틀림없군.'

이렇게 단정 짓는 사람이 있지는 않을까 걱정스럽다. 혹시라도 그런 분이 있다면 이전에 쓴 4권의 책과 칼럼 등을 참고해주기 바란다. 또한 내가 자산의 거의 전부를 기업에 투자하고 있다는 점도 기억해주기 바란다. 여러 불합리하고 비상적인 일이 있지만 기업은 여전히 매력적인 투자처라는 점을 강조하고 싶다.

나는 우리 국민들이 종업원으로만 살지 않기를 바란다. 기업에 노동력을 제공한 대가로 받은 자본으로 기업의 주인이 되기를 바란다. 돈이 일하게 함으로써 경제적인 풍요를 누리기를 바란다. 이것이 자본주의 사회에서 부자가 되는 길이다. 자본주의 사회에서 사는 한 자본에서 경제적인 희망을 찾을 수밖에 없다.

서민의 경제적인 희망인 증권시장은 몇 가지 제도를 개선하는 것만으로도 훨씬 더 공정하고 상식적으로 변화할 수 있다. 공부하고 소통하고 동행하는, 상식적인 방식으로 투자하는 사람이 많아지려면 증권시장이 그렇게 바뀌어야 한다. 역으로 증권시장이 상식적으로 바뀌면 투자자들의 투자 방식도 바뀔 것이다. 당신이 상상하는 상식적이고 공정한 증권시장은 어떤 모습인가. 한 번도 상상해본 적이 없다면 지금이라도 상상해보라.

투자하고 나면 기업이 어떻게 될까 불안한가? 불안은 소통의 부재에서 온다. 우리에게 경영자와 소통할 수 있는 길이 열려 있는 상상은 도저히 현실이 될 수 없을까. 경영 능력이 있는 사람이 기업을 경영하고 대주주는 다른 주주과 마찬가지로 배당을 통해 성과를 공유하는 모습은 도저히 실현 불가능한 일인가. 주주총회가 활발한 토론의 장이 되고 사정이 여의치 않은 사람은 컴퓨터 앞에서 토론을 지켜보면서 투표하는 것이 그렇게도 어려운가.

나는 가능하다고 생각한다. 우리는 민주주의 국가에서 살고 있다. 유권자들의 여론은 법을 만드는 사람들을 압박한다. 선거 기간 외에 개인투자자를 만나는 국회의원은 얼마나 될까? 그들의 의견을 적극 반영해 입법 활동을 하는 의원은 얼마나 될까? 하지만 여론이 되면 다르다. 자본시장이 상식대로 움직이게 하는 제도를 만들도록 할 수 있다.

불합리한 이익을 요구하는 게 아니다. 나는 내가 제안한 내용이 과도하다고 생각하지 않는다. 오히려 '최소한 이 정도는 지켜져야 되지 않느냐'는 심정으로 제안했다. 그저 방치된 주주의 권리를 보장해 달라는 수준에 불과하다.

우리는 백설공주가 아니다. 권리 위에 잠자면서 백마 타고 오는 사람을 기다려봐야 그는 오지 않는다. 투자자로서 우리가 처한 환경도 달라지지 않는다. 내가 제안한 내용 모두가 현실화될 필요는 없다. 어쩌면 마음에 들지 않는 제안이 있을 수도 있다. 하지만 마음에 드는 제안이 하나라도 있었다면, 그 이야기를 널리 퍼뜨려 주기 바란다.

2010년 이후 4권의 책을 냈고 칼럼을 썼고 많은 강연과 인터뷰를 했다. 농부처럼 부지런하고 담대하게 투자하는 사람이 늘어나길 바랐다. 기업과 동행하면서 살아가는 사람이 많아지길 바랐다. 그리고 이번이 마지막 책이다. 열심히 농사를 지으면서 농사짓는 환경에도 관심을 가져보자는 제안이다. 각자 열심히 자기 논에 물을 퍼 나를 수도 있지만 함께 저수지와 수로를 만들면 농사짓기가 훨씬 수월하고 수확도 많이 할 수 있다. 함께해주기를 기대한다.

# 주식회사의 약속

2019년 1월 21일  초판 1쇄 발행
2020년 1월 20일  초판 2쇄 발행

**지은이**　　박영옥
**펴낸이**　　김남길

**펴낸곳**　　프레너미
**등록번호**　　제387-251002015000054호
**등록일자**　　2015년 6월 22일
**주소**　　경기도 부천시 원미구 계남로 144, 532동 1301호
**전화**　　070-8817-5359
**팩스**　　02-6919-1444

프레너미는 친구를 뜻하는 "프렌드(friend)"와 적(敵)을 의미하는 "에너미(enemy)"를 결합해 만든 말입니다.
급변하는 세상속에서 저자, 출판사 그리고 콘텐츠를 만들고 소비하는 모든 주체가 서로 협업하고 공유하고 경쟁해야 한다는 뜻을 가지고 있습니다.
프레너미는 독자를 위한 책, 독자가 원하는 책, 독자가 읽으면 유익한 책을 만듭니다.
프레너미는 독자 여러분의 책에 관한 제안, 의견, 원고를 소중히 생각합니다.
다양한 제안이나 원고를 책으로 엮기 원하시는 분은 frenemy01@naver.com으로 보내주세요.
원고가 책으로 엮이고 독자에게 알려져 빛날 수 있게 되기를 희망합니다.